リスク
不確実性の中での意思決定

Baruch Fischhoff・John Kadvany 著

中谷内 一也 訳

SCIENCE PALETTE

丸善出版

Risk

First Edition

A Very Short Introduction

by

Baruch Fischhoff and John Kadvany

Copyright © Baruch Fischhoff and John Kadvany 2011

All rights reserved. No part of this book may be reproduced or transmitted in any form or by any means, electronic or mechanical, including photocopying, recording or by any information storage retrieval system, without the prior written permission of the copyright owner.

"Risk: A Very Short Introduction, First Edition" was originally published in English in 2011. This translation is published by arrangement with Oxford University Press.
Japanese Copyright © 2015 by Maruzen Publishing Co., Ltd.
本書は Oxford University Press の正式翻訳許可を得たものである．

Printed in Japan

訳者まえがき

　本書はリスク分析研究の第一人者であるバルーク・フィッシュホフと，意思決定研究から科学哲学，数学まで幅広い関心を持つジョン・カドバニーとの共著である．

　生命や健康，財産，環境，人間関係などは，私たちにとって重要で価値がある．そういった価値に対する脅威はさまざまだが，それらをリスクという概念で統合的にとらえ，対処していこうというのがリスク分析の考え方である．本書はリスク分析の入門書であるが，価値への脅威が多様なことから，扱うトピックスも幅広い．しかし，特殊な専門知識なしで読み進められるようになっていて，この1冊でリスク分析の基本的な考え方をおさえられる．

　本書の特徴は，判断や意思決定にからめながらリスクを解説する点にある．伝染病の感染リスクを下げるために予防接種を受けるか，それとも，副作用のリスクを懸念して受けないか．原子力発電を継続するのか，それとも，廃止するのか．個人的な判断から国家レベルの決断まで，すべての意思

決定の中心には，リスクをどうとらえ，どう対処するのかという問題がある．したがって，本書はリスク分析の入門書であると同時に意思決定理論の入門書にもなっている．

　本書の翻訳にあたっては，長谷和久氏，尾崎　拓氏，工藤大介氏の協力を得た．事実関係の確認や各トピックの歴史的経緯について，彼らにはたいへん助けられた．記して感謝する．翻訳作業は，まず，できるだけ原著通りに訳出した原稿を作成し，そこから大胆に意訳し直して，日本語の本として読みやすいものを目指した．このプロセス後半では妻・寿美子に大いに活躍してもらった．なので，日本語表現に不自然な部分があるとすれば，半分は彼女の責任である．

　　2015 年 2 月

中谷内　一也

目　次

はじめに　　1

1　リスクについての意思決定　　5

単純な枠組み／超未熟児／自動車保険のリスク／性教育／リスクについての意思決定の社会的文脈／結論：リスクの意味はリスクについての意思決定の中から引き出される

2　リスクを定義する　　35

すべての死は平等か？／リスク-ベネフィット・トレードオフについての選好の顕在化／リスクの次元／リスクの順位づけ／リスクの指標／人間の条件に対するリスク／それは安全なのか？／"受入れ可能なリスク"／結論：どのようにリスクを測定するかは私たちが何に価値をおくのかによる

3　リスクを分析する　　65

犠牲者をカウントする／量と健康影響との相関分析／原因を明確にする／複雑なばく露／複雑な経路／事　故／熟練した専門家の判断／結論：リスク分析はさまざまなソースからの知識を統合する

4 リスクについての意思決定を実行する　97

単純な決定ルール／効　用／不確実な価値／プロスペクト理論／ヒューリスティックな決定ルール／ルールと規制／進化する決定／結論：選択は信念と価値を統合する

5 リスク認知　131

リスク認知の認知／死亡リスクについての判断／明快な質問，明快な回答／観察と推測／メタ認知：自分がどれだけ知っているかを知る／リスク認知と感情／リスク認知研究の証拠はどれくらい使えるのか，あるいはダメなのか？／結論：一般の人びとのリスク認知は鋭敏ではあるが，不完全な推論も含まれる

6 リスクコミュニケーション　165

不幸なリスクコミュニケーション／デザインしだいで良くも悪くもなる／リスクコミュニケーションは受け手に，十分な情報を伝えているか？／参加型リスクコミュニケーションとリスク管理／結論：分析から知識を得たうえでの選択へ

7 リスク・文化・社会　199

確率から統計，不確実性へ／原　因／象徴的な危険／価値と選択のフレーミング／リスクと善き生

参考文献　223
謝　辞　231
図の出典　233
索　引　235

はじめに

　私たちはリスクに取り囲まれている．犯罪，病気，事故，テロ，気候変動，財政，さらに，他者との親密な関係さえもリスクの源となる．リスクは私たちを脅かし，金銭や健康，安全，評判，平穏，さらに自尊心など大切なものを奪いとる．そして，リスクを生むのは私たち自身である．たとえば，社会が新しい科学技術を導入する，危険な施設を設置する，あるいは戦争をはじめる，こういった行いによってリスクが生みだされ，私たち自身に迫ってくるのである．

　私たちを取り囲むリスクはさまざまで，それぞれに特徴的な面があるものの，共通する側面も多い．本書『リスク (Risk : A Very Short Introduction)』は，自然科学と人文科学の見地から，それらの共通部分を解き明かす．また，社会制度や習慣がリスクについての決定にどうかかわるのかも明らかにする．リスクの扱いを通じて社会は自らの有りようを表現しているからである．私たちは，世界や自分自身の不確実性と日々格闘しているが，そういった人間の知性と回復力に挑んでくるリスクについて考えるのが本書の役割である．

リスクについては，政治家や識者，医師，投資顧問，自動車整備士，原告，あるいは科学者などなど，みな言いたいことを言っている．本書は，どうすればそれぞれの主張を主体的に吟味し，利用できるのかを示す．さらに，本書では，事実（起こるだろうこと）と価値（大切であろうこと）を評価するさいの考え方を解説し，リスクをめぐる今日の論争が，偶然と必然，環境汚染，純潔の扱い，さまざまな危険などの歴史的なテーマに関連していることを明らかにする．さらに，人びとがリスクにどう向き合うのかについて，科学によって明らかにされた知見を紹介する．これらを通じて読者は他者の心理や自分自身の心理について理解を深められるだろう．リスクの科学は，読者にとっておそらく意外な結論——たとえば，「じつはパニックなど，めったに起こらない」「怒りによって人は楽観的になってしまう」「青年期には傷つきやすさについて特殊な感覚をもつ」といった知見——を含んでいる．

　本書では，リスクについての一般原理をさまざまな事例に適用し，考察する．それらを理解することで，読者は自分の社会生活および個人的な生活において，リスクの基本的な考え方をうまく利用し，よりよい決定をできるようになるだろう．

　本書は，定量的にリスクを取り扱おうとするリスク分析の観点を基盤とするが，定量的リスク分析そのものを実施するのではない．むしろ，その方法の背景にある考え方に焦点を

当てて説明を進める．リスク分析によって何ができ，何ができないかを理解することは，リスク分析を自らの判断に役立てるうえで（判断を任せてしまうのではなく）重要である．リスクについての意思決定にまつわる謎を解き明かし，それを理解することで，読者は，責任ある意思決定ができるようになるだろう．

　リスクという概念，および本書の基盤は意思決定理論にある．意思決定理論は，人類が最初に不確実な選択について考えたときに原型が生まれ，それ以来さまざまな概念によって形づくられてきた．今日まで，意思決定理論を多様な場面に適用することで，学問領域間のユニークな共同作業が進められてきた．自然科学者は，ある事態が生じる確率を推定するが，それぞれの事態は倫理学者によって伝統や政治，政策のジレンマを検討する中で見定められてきたものである．社会科学者は，それらを展望し説明する方法を考案して，一定条件のもとで人びとが何を求めるかを探求し，その決定をサポートしてきた．数学者と哲学者は，不確実性についての問題を体系化し，コンピュータ科学の専門家や心理学者がその問題への答えを出そうとしてきた．社会学者と政治学者は，ある専門家がどのようにリスクを定義するかしだいで特定の問題を浮き彫りにする一方，別の問題を覆い隠してしまうことを示してきた．こういった共同作業を通して，研究者たちは自らの学問領域内に留まっていたら直面しなかった問題に取り組み，それぞれの学問領域を豊かにしてきたのである．その結果，リスクは科学を変え，社会を変えることになった．

第 1 章「リスクについての意思決定」では，リスクが問題となる意思決定状況をとりあげ，リスクについて考えるための概念的枠組みを解説する．第 2 章「リスクを定義する」では，リスクの大きさを測る方法についての科学と測定実務について検討する．第 3 章「リスクを分析する」では，科学者が，リスクについての歴史的記録や科学理論，専門家の判断をどのように総合し，また，いかに確率を理解して，リスクの多様な原因を解釈するようになったかを紹介する．第 4 章「リスクについての意思決定を実行する」では，リスクについて理解する段階から，意思決定の実行段階へと説明を進める．なかでも，あらたなトレードオフが生み出される意思決定過程の中で，どのようにして選択肢の優先順位が形成されるのかに焦点を当てる．第 5 章「リスク認知」では，人がどのようにリスクについて考え，感じるのか，近年の研究成果を踏まえて解説し，意思決定を揺さぶる判断バイアスについて論じる．第 6 章「リスクコミュニケーション」では，リスクの意思決定に関係するさまざまな事実や情報を市民に提供する科学と政策をとりあげる．第 7 章「リスク，文化，社会」では，危険に対処する中で，社会が自らを表現してきたことを紹介し，幸福を追求するためのリスク分析の利用法について考える．

第1章
リスクについての意思決定

　リスクは私たちを取り囲んでいて，いろいろなかたちで私たちの前に立ち現れる．たとえば，あらたな科学技術（原子力，遺伝子組換え作物）や従来からある技術や道具（ダム，はしご）中に，あるいは，現代医療（幹細胞治療，腸内視検査）や民間療法（ハーブ療法，食事療法）の中にもリスクはある．ほかにも，身近な人間関係（失恋，浮気）から知らない他者との関係（ネットを通じた児童・未成年者の性被害，個人情報の詐取）まで，通常の貯蓄（インフレによる資産の目減り，非流動性年金基金）から複雑で難解な投資（不動産抵当証券担保債券，ヘッジファンド）まで，昔ながらの暴力（強盗，性的暴行）から先端兵器による破壊行為（核汚染を引き起こす"ダーティ・ボム"，炭疽菌テロ）まで，幅広くリスクは私たちの前に現れる．

　あるリスクは即座に害が出るが（腐敗した食品），別のリ

スクは後から影響が出てくる（飽和脂肪酸）．あるリスクは直接の影響をもたらすが（自身の個人的な損害），別のリスクは間接的である（雇用主の損害）．あるものは物理的であり（自身の負傷），別のものは心理的である（愛する人の負傷）．あるものは人間に影響し（中毒事故），別のものは人間生活を支える自然環境に影響する（農薬）．自発的な行為に伴うリスクもあれば（スキー），否応なく接するリスクもある（テロ）．あるものは単一の行為によるリスクであり（食べてはいけない食品の一度かぎりの摂取），別のものはくり返しの行為がもたらすリスクである（不健康な食品の継続的な摂取）．

ほかにも，個々のリスクは，それがどれくらいコントロール可能か，どれくらい公平に降りかかってくるか，どれくらいおそろしいか，どれくらい取り返しがつかないか，どれくらい尊重すべき価値を脅かすか，どれくらい管理責任者を信頼できるか，といった点で違いがある．私たちは世の中を理解するうえで助けが必要だし（なぜ彼らは私たちをこんなにも憎むのか？　なぜお年寄りは転倒しやすいのか？），自身を理解するにも助けが必要である（お金は自分にとってどれくらい重要か？　状況が悪化しても，自分1人でやっていけるのか？）．

特定のリスクを研究する専門家は，そのリスクの細々したやっかいなところにむしろ面白味や魅力を感じている．けれども，非専門家がリスクに向き合うときには，事実関係，価

値，感情，恐怖，後悔，社会的な圧力，論者たちの意見とその反論などに圧倒され，泥沼をさまよっているように感じる．そして，専門家も自分の専門領域から一歩外へ出ると，ふつうの人と同じようにリスクへの対応に四苦八苦することになる．たとえば，医師や自動車整備工が株式投資についてあれこれ考えるとき，逆に，金融ブローカーが自分の身体や車の不調の原因に思いをめぐらせるときなどがそうである．リスクに満ちた世界でうまくやっていくためには，意思決定を行うさいに，問題を整理して最重要な少数の要点に絞り，それらに意識を集中しなければならない．このことは，市民，親，患者，従業員，活動家，投資家，運転手，友人など，いずれの立場にせよ，じつは同じなのである．

　意思決定理論は混沌としたリスクの世界を整理し，秩序を持ち込もうとする．本書もこの目的に向けて意思決定理論を用いる．すると，表面的にはまったく異なるリスクでも，基本的な課題（不確実性を査定し，何が重要なのかを決定し，より確かな証拠を探す）は共通していることがわかる．意思決定理論は決して包括的な理論ではなく，そもそも一般的な意味での"理論"ですらない．むしろ，意思決定理論はリスクについての決定を表現するための"言語"といえる．たとえ意思決定理論を習得しても，良い決定を生み出す万能薬を手にしたことにはならない．むしろ，意思決定理論は，実践的な論理的判断を助け，自分が直面する決定について理解していること（あるいは，理解しうること）を踏まえて，可能な最良の決定に近づくための補助道具なのである．

単純な枠組み

　リスクは私たちの価値を脅かす．リスクに直面して私たちがどう対応するかは，どのような**選択肢**（options）があるか（手術を受けるか，希望をもってそのまま待つか），起こりうる**結果**（outcomes）[*1]をどう評価するか（快復する，苦痛が続く），さらに，それぞれの選択肢を選んだ場合に，ある結果が生じると考える**信念**（beliefs）[*2]がどの程度であるか，によって決まってくる．起こりうる結果は確実なものもあれば（医療費が請求される，死という結末），不確実なものもある（手術が成功するかどうか，保険金の請求が認められるかどうか）．選択肢は単純な場合もあるが（安価な施術のみを施す，慢性痛が軽減する），複雑な場合もある（未確立な実験的医療を受ける，治療を受けるのが自分なのか，愛する人なのかの相違）．

　意思決定理論では，選択行為を三つの相補う視点からとらえる．一つ目は論理的，あるいは規範的分析という視点である．どんなに難しい選択であろうが，**もしも**，私たちにすべての情報が与えられていて，**もしも**，私たちが自分自身の価値を十分に自覚していて，**もしも**，私たちが一貫した選択のルールに従うとすれば，どの選択が正しいかを教えてくれる視点である．もちろん，それらはたいへん難しい"**もしも**"である．二つ目は記述的研究という視点であり，必ずしも完璧とはいえない私たちの決定が，実際にどのようになされる

のかを明らかにする視点である．三つ目は処方的介入という視点であり，これは規範的な理想と記述的な現実とを橋渡ししようとする視点である．つまり，意思決定理論は意思決定を行おうとする人が自問する「私はどういう決定課題に直面しているのか？」「それに実際どの程度うまく向き合えているのか？」「どうすればより良い決定ができるか？」という問題を明示的に問うものである．

　それではここから，大きく異なる三つのリスクをとりあげ，それぞれの意思決定について検討しよう．個人の決定を形づくる社会の存在を心にとめつつ，決定を下さねばならない個人に焦点を当てて話を進める．

超未熟児

　妊娠経過が順調であっても，23～25週頃に重大な問題が起こり，超早産となることがある．そのとき，両親は自分たちの赤ちゃんに対して，緩和ケアか集中治療かの選択を迫られる．緩和ケアを選ぶと赤ちゃんは確実に死ぬが，その短い生涯をできるだけ平穏で苦痛のないものにできる．一方，集中治療を選ぶと赤ちゃんは新生児集中治療室で死ぬ可能性があり，生き延びた場合も，発達上のいろいろな障がいを抱えることになるかもしれない．さて，どちらを選ぶべきか．これは現代医療が生んだ最も残酷な選択である．

　しかし，ある両親にとっては，これが選択を迫られる事態

とはならない．というのは，彼らの信念，あるいは個人的な哲学がどちらを選ぶべきかを定めてしまうからである．生きられる可能性があるならどんなことでもするという両親には，集中治療が唯一の道であるし，過度な人工的介入を許容しない両親には，緩和ケアが唯一の道である．

けれども，そうではない両親，つまり，これを選択事態と考える両親は二つの選択肢を比較しなければならない．緩和ケアを選んだ場合，赤ちゃんは確実に死ぬことになるが，ほかの結果についてはそれほど確実ではない．たとえば，苦痛の抑制技術は十分に進んでいるが，それでも赤ちゃんが苦しむ可能性は残っている．さらに，「自分たちは緩和ケアを選んだ」という思いを抱えて生きていくことがどういうものかもよくわからない．たとえ緩和ケアを選んだ両親たちの幸福度調査の結果があったとしても，自分たち自身がどうなるのかを確信させてはくれない．したがって，緩和ケアを選んだ場合，赤ちゃんの死という主要な結果は疑いないとしても，ほかの結果については不確実性が残るのである．

一方，集中治療を選んだ場合はどうだろうか．それを示す統計資料がある．図1はその一例であり，ウェブサイト上で公開されている．利用者は出生時の妊娠周期や赤ちゃんの体重など，五つのリスク要因についてプルダウンメニューを使って情報を入力する．それに対する回答として，最初の行に赤ちゃんの生存確率（この例では62％）が示され，その下の2行に重度の障がいなしで生き残る確率（44％）と，重

米国・国立小児保健発育研究所（NICHD）新生児リサーチネットワーク（NRN）による超未熟児出産に関するデータ

下記の特性の場合：
　　在胎週数（産科医による最良推定値．満週齢）：24週
　　出生体重：700 g
　　性　別：男
　　単生児／双生児：単生児
　　出生前ステロイド投与：投与あり

NRNのサンプルに基づく新生児の評価結果

結　果	すべての新生児	人工呼吸器を装着した新生児
生存	62%	64%
重度の神経発達上の障がいなしに生存	44%	46%
中程度から重度の神経発達上の障がいなしに生存	27%	29%
死亡	38%	36%
死亡，あるいは重度の神経発達上の障がいの発生	56%	54%
死亡，あるいは中程度から重度の神経発達上の障がいの発生	73%	71%

図1　リスク要因五つ（在胎週数，出生体重，性別，単生／双生，母体に対するステロイド投与）が上記のような場合の超未熟生児のおもな結果の確率．

度・中程度の障がいなしで生き残る確率（27%）が示されている．その下の三つの行は，上3行の対称となっていて，死の確率と障がいが残る確率である．これらはおそろしい統計ではあるが，実際にはこのようなケースで集中治療を提供する病院は多くはない．したがって，現実に直面することの少ない選択ではある．

　図1の右側の列は集中治療の一環として人工呼吸器を装着

した場合の統計データである．人工呼吸器を使うことによって，すべてのサンプルを対象とする左側のデータよりも若干，状況はよくなる．しかし，この程度の小さな違いで緩和ケアを選ぼうとしていた両親が，集中治療へと選択を変えるだろうか．たとえば，「あなたたちの赤ちゃんは人工呼吸器をつけるので，62％の生存確率が64％に上がります」といわれて，選択を変える親がいるだろうか．もし，規範的な意思決定分析によって，右の人工呼吸あり条件のデータに実質的な意味がないとわかったなら，それらは無駄な情報として削除される．そういった規範的分析がなされないと，善意から提供された専門家の情報が両親を惑わせることになる．

リスクの要点を把握した後，多くの両親はこの苦しい選択に直面して自分たちはいったい何を望んでいるのかと思い悩み，その結果，最もはっきりしない疑問点は自分たち自身の中にあることに気づく．健康的な生活を送れる27％の確率は，56％の死や重篤な障がいの確率に勝るのだろうか？ 自分たち自身の幸不幸は問題にすべきなのか？ きょうだいたちにとってはどうか？ ほかの親たちの意見や経験は？ もし，その両親がこういった問題に悩んでいるとしたら，それは自分たちが何を求めているのかがわからない状態にある，ということを示している．

このような状況に陥ると，人はどうすべきかを教えてくれる決定的な事実や情報を得ようと探し回るが，結局はうまくいかないことが多い．そして，うまくいかなかったとき，人

は誰かから助言を得ようとする．しかし，仮に医師が助言してくれたとしても問題は解決しない．今度は，医師の助言が適切かどうかを判断しなければならないからである．医者は自分が同じような選択に直面しても同じことを言うだろうか？ すべてを把握したうえで両親が望んでいることを推察し，それを言っているだけなのだろうか？ 医師は，両親の選択後の状況を勘案しているのだろうか？ 病院の経営者の意向を代弁しているだけなのではないか？

　助言を受けると，そういった疑問が心に浮かぶ．さらに，選択肢を表現する枠組み，すなわち**フレーミング**の中に別の圧力が見え隠れすることもある．たとえば，緩和ケアを"palliative（苦痛を和らげる）ケア"とは言わず"comfort（安楽な）ケア"という用語を使う医師もいるが，両者は別のイメージや社会規範を想起させるだろう．図1はたんなる統計表だが，これを示すことは「たんなる統計こそが重要だ」と暗に示唆することになるだろう．同時に，専門家は倫理的な問題については両親に任せて口を挟まないということも示唆するだろう．また，図1の両列の統計を両親に見せることは，「選択肢は拮抗しており，だからこそ2％の違いが重要だ」とほのめかすことになるかもしれない．同じ情報でも，良い結果に焦点を当てる場合（上の3行）と悪い結果に焦点を当てる場合（下の3行）を両方見せることは，両方の視点からこの問題をとらえるべきだと伝えることになろう．

　実際にフレーミングしだいで人びとの反応が変わるのかど

うかを，記述的研究で検証することによって，上のような推測が正しいかどうか判断できる．たとえば，仮想の選択課題を使ったある実験研究の成果から，人は，望ましい結果を基準に比較する場合は，集中治療を緩和ケアよりも魅力的に感じることが明らかにされている．意思決定理論の言い方をすれば「人は自分が何を望んでいるのか確信が持てないとき，心に浮かんだ問題の見立て方に応じて選択肢の優先順位をその場で"つくり上げる"」ということになる．そして，どのようにつくり上げられるかは，選択肢が良い結果に基づいてフレーミングされる場合（たとえば，さまざまな選択肢が生存率データで示される）と，悪い結果に基づいてフレーミングされる場合（同じ内容を，死亡率データで表現される）とでは違ってくる．ただし，自分の価値を明確に自覚している人は，フレーミングでは誘導されにくい．実際，上の実験でも，自分の信仰心は中程度以上に強いと考える人は，選択肢がどのようにフレーミングされても集中治療を選んだのである．

　社会は，生死にかかわる決定を通して，自らを表現している．となると，なぜ，どのように社会は多大な費用を投入し，尊い命を救おうとするのかが問われることになる．たとえば，社会は早産を防ぐあらゆる対策に同規模の費用をかけているのか？　あるいは，早産のリスクを高めてしまう環境中のストレス要因を抑えるために同じだけの資源を投入しているのか？　どのような家族が集中治療を受けられるのか？　誰が費用を負担するのか？　医師ではなく両親に選択さ

> **リスクと不確実性**
>
> 大恐慌前の 1921 年,経済学者のフランク・ナイトは次のように主張した.
> "不確実性"は,これまで一度も正しく区別されてこなかったが,よく耳にする概念である"リスク"とは明確に分けて考える必要がある.……重大な事実は,"リスク"はある場合には測定可能な定量的概念であるとされながら,別の場合ではそのような性質をまったく持たない概念とされることである.問題として提示され,操作されているのが不確実性なのかリスクなのかによって,現象の意味はまったく,そして決定的に違ってくる.測定可能な不確実性,あるいは本当の"リスク"は,測定不能な不確実性とはまったく別物であり,そもそもリスクというのは,まったくもって不確実性ではないのである.

せるようにしたのは誰か? 緩和ケアを選んだ両親のその後の経験に関する資料がほとんどないのはなぜか? 図1のデータを集めたのは誰か? それらの情報を容易に利用できるよう決めたのは誰なのか? などの問いである.

自動車保険のリスク

米国のペンシルベニア州とニュージャージー州では,"リミテッド・トート"とよばれる慰謝料訴訟が制限される保険をドライバーが選べるよう,選択肢の提供を自動車保険会社

に義務づけている．この保険を選ぶと料金が安くなるが，その代わり，事故に遭った場合に"軽微な苦痛（傷害による軽微な身体的，心理的ストレス）"への賠償を求める訴訟を起こせなくなる．この保険を契約した場合に，保険料が一定額安くなることは確実である．しかし一方，訴訟を行う権利を放棄することによる結果は不確実である．なぜなら，このリスクは，事故に遭う可能性や裁判で勝つ可能性によって変化するからである．

　図2はこの選択を決定木（decision tree）によって表したものである．図で表現すると状況が理解しやすくなる（この図なしでも理解できる人は次の段落へ進もう）．図のいちばん左に，運転者にとっての二つの選択肢が示されている．それは"フル・トート（軽微な苦痛でも訴訟を起こせる権利つきの保険）"を契約するか，それとも"リミテッド・トート（そのような権利を放棄する保険）"を契約するか，である．図の右には選択に応じた結果が示されている（「保険料支払い」と「軽微な苦痛への慰謝料を得る」という結果）．中心に位置するのが問題となる不確実性であり，運転手が勝訴して慰謝料を得られる小さな事故に遭う確率である．この決定木の，左から右への道筋はそれぞれ別のシナリオを表現している．いちばん上の道筋は，フル・トート保険を契約し，小さな事故に遭い，それに対応した額の賠償金を得る，というものだが，そのためにはより高い保険料（基本料金＋追加料金）を支払う必要がある．個々のドライバーのシナリオは当人の選択とその後のできごとしだいということになる．

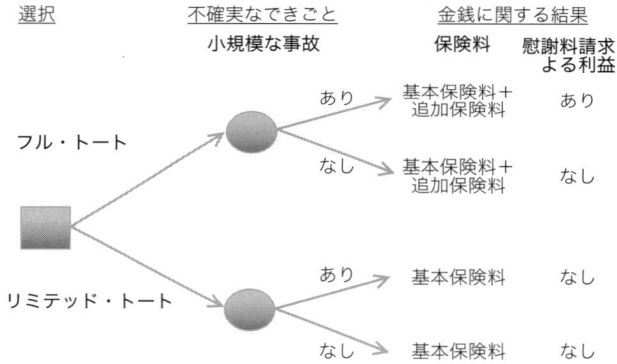

図2 リミテッド・トート保険に関する決定木．いちばん左の四角は選択節点で，リミテッド・トート，あるいはフル・トートの二つの選択肢がある．いちばん右は二つの金銭に関する結果であり，保険料（コスト）と慰謝料（ベネフィット）が示されている．中央の丸いものがイベント節点で，訴訟で慰謝料を得られる小さな事故に遭うかどうかという，最も主要な不確実性を表している．この決定木のそれぞれの道筋は左から右へと異なった成り行きを表現している．いちばん上の道筋は，ドライバーはフル・トート保険を契約し，小規模な事故に遭い，かつ慰謝料を勝ち取る場合である．追加保険料の支払いでドライバーは金銭的に苦しくなるが，慰謝料が得られれば金銭的余裕ができる．すべてのドライバーにとって決定木は同じであるが，確率（ドライバーによっては事故のリスクは低い）や価値（お金を少しでも節約したいドライバーもいる）はそれぞれ異なってくる．

　できごとの生起確率の査定は**リスク分析**の中心的作業のひとつである．なかでも自動車事故ほど，これまでよく分析されてきたものはない．ドライバーは分析結果を利用したほうが，直感的なリスク認知に頼るよりも有利に決定を進められる．私たちの直感的なリスク認知は理にかなうことがあるものの，ゆがみがちだからである．たとえば，たいていのドライバーは自分を平均よりも安全なドライバーだと思い込んで

いる．しかし，実際には平均より上のドライバーは全体の半数しかいないはずである．他人が急な割り込みをするのを見ると軽率な行為だと感じるが，自分が同じことをしてもそうは思わない．ニュースで他人の悲劇を見ることはあっても，自分の悲劇を見ることはないからである．また，1回1回の運転の累積的なリスクを直感的に理解することも難しい．1回の運転が危険だとは思いにくいので，それが重なった全体についても実際以上に安全だと思ってしまうのである．全米の統計では，死亡事故に遭う確率は 10 000 000 回の運転での 1 回である．そういうと少なく感じるが，生涯で運転する累積回数を考慮して換算すると，交通事故で命を落とす確率はおよそ 200 分の 1 になるのである．

　平均事故率というリスク情報は，ドライバーが保険を選ぶうえで役に立つはずである．けれども，平均値の情報はリスクを過小視させる場合もある．たとえば，スピードを出す人，小型車両（とくに大型車と衝突する場合），深夜，田舎道，飲酒運転といった要因が加わるとリスクは平均よりも高くなる．逆にこのようなリスク要因のない人にとって，平均値は過大なものとなる．ドライバーが，より正確で，より個人に応じたリスク評価を必要とするかどうかは，自動車事故のリスクに対して自分の保険選択がどれくらい左右されやすいかによって変わってくる．もし，あるドライバーについての諸条件が統計的な平均付近に位置し，少々の条件の違いではどちらの保険を選ぶかは変わらないなら，必要なのは平均値情報だけとなる．また，どちらの選択肢を選ぶべきか決め

かねるときは，別の視点からの見通しも役に立つ．たとえば，訴訟制限保険について，ある弁護士に言わせると「米国ではどうせ，いつでも訴訟を起こすことができる．だからリミテッド・トートを買っておいて，保険料を節約すればよい」とのことである．もし，彼の言うことが正しければ，たとえ事故確率がどのようなものであろうと選択は一つになる（「リミテッド・トートを買え」）．この場合，選択は事故リスクにまったく左右されないということになる．

　保険を選択するためにより詳細な事故リスク情報が役に立つとなると，今度は，ドライバーはその情報を手に入れるためにどれくらい労力を費やすかを決めなければならない．その情報の価値が労力に見合うほど有益でないなら，ドライバーは考える煩わしさを避けてすぐに決定をしてしまうだろう．こういった"情報の価値"を計算する正式な方法や，その情報に対する投資の見返りを計算する方法がある．エネルギー企業は油田開発にさいして，試験油井を掘るかどうかの決定にこの方法を用いる．同様に，医療経済学者もマンモグラフィー（乳がん早期発見のための乳房X線撮影）や内視鏡検査を受けるべきかどうかを判断するさい，その検査によって得られる情報が費用やリスクに見合うかどうかを計算する．そして，誰もが「得られる情報は自分の選択を変更させるほどのものだろうか？」と自問できる．もし，答えがノーなら，その時点で選択は定まることになる．

"リミテッド・トート"を選ぶかどうかは個人的な問題で

第1章　リスクについての意思決定

ある．しかし，ほかのリスクについての意思決定と同様に，その選択肢があるということは社会がそのリスクをどう扱っているのかを表している．たとえば，損害賠償訴訟制限保険が存在するのは，軽微な苦痛を扱う"小うるさい"訴訟を減らしたい保険業界が，政策に影響を与えるべく議員にロビー活動を展開し，それがうまくいったからにほかならない．このことは米国が訴訟社会であることを反映している．小さな訴訟の削減という目的を共有しつつも，ニュージャージー州と，ペンシルベニア州はドライバーに別の意思決定のやり方を提供している．ニュージャージー州では損害賠償訴訟制限が標準設定であり，制限なしの保険を購入するのはその標準設定から抜けて，オプションとしての制限なし保険を購入しなければならない．逆にペンシルベニア州では訴訟制限なし保険が標準設定であり，より安い制限保険を購入するには標準設定を抜けてそのオプションを選ぶ必要がある．リスクの心理学によると，人は標準設定に固執しがちなので，どちらが標準設定になるかは大きな問題である．実際，訴訟制限保険が標準設定であるニュージャージー州では，訴訟制限保険の選択率がペンシルベニア州の2倍になっている．こういったドライバーの選択は，臓器提供選択と同様で，提供することが標準設定となっている場合は，それがオプションとなっている場合よりもずっと臓器提供者が多くなる．人が標準設定に固執しがちなのは，それ以外の選択肢がよくみえないからであり，また，標準設定という選択フレーミングが社会規範を反映し，どう行為すべきかがそこに示されているはずだ，と思えるからである．

損害賠償訴訟制限保険の導入がうまく機能するかどうかは，ドライバーがリスクとベネフィットをうまく理解できるかどうかにかかっており，また，"モラル・ハザード"に染まらずにいられるかどうかにかかっている．損害賠償訴訟制限保険の制度は，もし，ドライバーが安い制限つき保険を購入しておいて，（先の弁護士が言ったように）結局は裁判を起こすなら，失敗に終わるだろう．また，モラル・ハザードの一種であるリスク・ホメオスタシスも問題となる．ドライバーが訴訟制限なしの保険を購入すると（つまり，訴訟の権利を購入すると），軽微な苦痛や損害でも賠償を得られるからと運転が荒くなり，結局は全体のリスクが高いままということもある．ただ，そのように振る舞うことは必ずしも非合理的とはいえない．ロッククライマーやスキーヤーが，装備が安全になるとそのぶん，危険なパフォーマンスを試みようとするのと同じことである．そういった人たちはより大きなベネフィットをうる見返りに，より多くのコストを支払っている．安全に運転やロッククライミングやスキーをしてもらいたいと思っている人たちにとっては残念なことだが，そういう側面はある．

　未熟児についての意思決定と自動車保険についての意思決定はいろいろな面で違ってはいるが，しかし，いずれも決定を理解するうえで三つの視座が必要であるという点は同じである．一つ目は関連する事実を体系化する規範的分析であり，二つ目は人がどの部分でサポートを必要とするかを理解する記述的分析であり，三つ目はサポートを実際に提供する

リスクと保険

社会は保険を通じ，補償に要する費用を社会全体で分かち合って多くのリスクを管理している．

仮に，100万軒の家があり，平均すると1万分の1（1/10 000）の確率で火災があり，1軒の火災の損害は2000万円であるとする．この場合，年間の予想火災軒数は1/10 000×1 000 000軒＝100軒となる．全体の損害は100軒×2000万円＝20億円となる．

もし，各家が年間2000円の保険料を払いさえすれば，途方もない被害に見舞われる100軒の損害をカバーできることになる．どの個人に当たるかもしれないリスクを全体で集積し，対処することで，保険は，個人には負いきれない破滅的な損害から人びとを保護してきた．こうすることで比較的安定した生活を可能にしてきたのである．

処方的分析である．そのようなサポートの一つとして，自動車保険の選択で，事故のリスクについての重大な事実情報をドライバーに提供することがあげられる．しかし，残念ながら多くのドライバーは保険の契約内容を理解しようとしないし，リスクの高さについても理解していない．その結果，選択につまずき，標準設定の決定フレーミングに乗ってしまうのである．

火災保険でのモラル・ハザードというのは，家屋が燃えやすいのにいっそう警戒を怠るようになることを意味する．この脅威を低減させるのが免責であり，たとえば火災が起こった場合，10万円までは補償されないようにするのである．ほかにも，家屋調査を必要要件としたり，保険では身体的リスクを補償しないことによってもモラル・ハザードを低減させている．
　保険制度では人びとの"逆選択*3"も避けなければならない．これは，災害復旧や銀行救済などを通じて，結局は他者が災害補償のためのコストを出すことを当てにして，自分は保険に加入しないでおこうとすることである．銀行は，保険加入を条件として自動車ローンや住宅ローンを組めるようにすることで，この逆選択を抑えている．

性教育

　包括的性教育プログラムを実施する米国の学校では，性的な自己抑制（つまり，禁欲）以外の方法，たとえば，避妊具や避妊薬について教える性教育を自分の子どもに受けさせたくない，という親に，それを認めることがある．多くの親にとってこれは判断対象となるような問題ではなく，学校が自分の10代の子どもに性教育してくれるなら何だってありが

たいはずだ．しかし，性的な禁欲を強く望む親は意思決定問題に直面することになる——学校の性教育プログラムに出席させるか欠席させるかである．欠席させるという決定をした場合，自分たちの気分がよいという確実な結果を得られる．しかし，二つの結果については不確実である．それは，欠席が，子どもが妊娠してしまうリスクや，性感染症にかかるリスクにどう影響するかという問題である．

　子どもに性教育プログラムを受けさせない親は，性的な自己抑制を促すことがリスクを下げると信じている．受けさせる親は，性教育が安全な性体験につながると信じている．このように別の決定をくだす親の間には，価値（禁欲の重要性）や事実（禁欲主義教育の有効性）について見解の相違がある．包括的性教育プログラムに反対する親は，10代の性関係を承認することで子どものリスクを高めてしまうと思っている．賛成する親は，性的状況を扱う方法を教えることで，放っておけば高くなるリスクを抑えられると思っている．包括的性教育の内容には，望まない性的な誘いを拒否したり，避妊具を使ったり，性パートナーの「自分は性感染症ではない」という主張の真偽を見分けたりという"社会的スキル"の習得を含んでいる．そういったスキルを身につけた10代の子どもは，より安全で強制的でない性行渉をもてることになり，そのように自分の望むかたちでのみ性的関係を結ぶことは，結果的に，性行為に対して自己抑制的な状態につながるかもしれないのである．

この選択における主要な不確実性は，包括的性教育プログラムを受けた場合と受けなかった場合の，子どもの意思決定のあり方にかかっている．青少年期の意思決定についての研究成果を用いれば，この不確実性は低減させることが可能である．研究の一般的な知見としては，10代半ばまでに，青少年の意思決定に関する（認知的）能力は大人と同様なものになる．子どもたちは学校で習うこと以上のことを知っている．ただし，本当にわかるには経験が必要なことがらについては，十分に身についていない．そして，10代の子どもは社会的，感情的な圧力に直面すると，知ってはいてもその知識に基づいて行動できなくなることがある．そこで，性的関係に関連する意思決定をする方法や社会的・感情的圧力を扱う方法，そういった圧力を受ける場面を遠ざける方法などを学ぶことは彼らにとって有益である．実際，そういった社会的スキル教育は性感染症のリスクを下げ，さらには，喧嘩や喫煙のリスクも下げることが研究結果から明らかにされている．"初心者"運転免許プログラムは，往来で乗りこなせる経験を積むまでは10代の子どもの同乗を禁止することで，社会的な圧力から10代のドライバーを守っているのである（経験を積んで"卒業"を認められると友達を乗せられるようになる）．

　逆に，禁欲を旨とする性的自己抑制教育は，米国の青少年の性行動に対して持続的な影響がほとんどないようである．性的な状況に陥ったとき，それをうまく扱うスキルの低い子どもは，性感染や妊娠のリスクが実際に高いことがわかって

いる．ということは，子どもに包括的性教育を受けさせないことは，暗黙に，子どもが妊娠したり性感染症にかかったりするリスクを下げることより，道徳的な主義主張を行うことに高い価値をおいていることになる．

　親が学校での性教育プログラムを受けさせないことのトレードオフをどう感じるかは，性教育の効果がどれくらいあると考えるかにもよる．もし，禁欲教育のほうが効果的だと信じるなら，学校での性教育プログラムを受けさせないことのほうが，より道徳的で，かつ，リスクも下げる"優位な選択肢"となる．包括的プログラムの有効性は自己抑制教育よりも勝っていることが研究結果から示されてはいるものの，強い信念には一つの考えに凝り固まらせる性質がある．その理由として，人は自分と信念を共有する人とだけつきあいがちであることがあげられる．また，人は自分に不都合な証拠を，うまく理由をつけて退けることに長けている．そのため，自己抑制教育を支持する親は，研究結果は自分の子どもには当てはまらないと主張したり，あるいは強く道徳心に訴えることで，結婚前の禁欲を社会的な規範にできると主張したりする．立場が逆転すれば，包括的性教育を支持する人たちも科学的な知見を越えて，似たようなふうに主張する．

　新たな強い証拠があれば，それまでの強い信念を証拠に応じて改変するということは合理的なふるまいである．そして，まっとうな議論を行うには，どのような証拠が信念を変えうるかについて事前にはっきりさせておく必要がある．も

し，新たな証拠の意味することに関して互いに対立するグループ間で合意できれば，両者の当初のものの見方が異なっていても，両者の信念は収束していくはずである．しかし，そのようなかたちで見解が収束しえないなら，リスクについての見解の不一致は，証拠に基づくものではなく，じつはイデオロギーに基づくものだということになる．米国では，進化論，幹細胞研究，気候変動に関する歴史的記録などについての論争がこの運命にさらされてきた．そこでの議論は一見，科学的なようだが，じつは政治的な論争なのである．

リスクにおいては，事実について同意した人たちが必ずしも同じ決定を行うことにはならない．性的自己抑制を擁護する人たちは，それにはほぼ効果がないことがわかっていても，学校が結婚前の性交渉を容認することに反対するだろう．逆の立場の包括的性教育プログラム支持者も，性感染症のリスクへの効果がどうであれ，そのプログラムはエンパワーメント，すなわち，女性が力をつけ不利な状況を変革すべき，という重要なメッセージだと主張するだろう．

性教育についての論争は米国における政治的原理の三つの流れを反映している．それらは，多数決，政教分離，そして，教育の地方自治である．それらによる行き詰まりに対して，科学に主眼をおくことは中立で客観的な解決法を提供してくれるように思えるかもしれない．しかし，科学を強調することは，本当は道徳的な論争なのに科学的な物言いをするよう仕向けることにもなる．もし，科学が政治的な道具の一

つとなり，そのことによって，不確実性を評価し，低減させる特別な方法としての立場を失えば，科学そのものが苦境に陥るだろう．現実にはどうかというと，選挙政治が性教育をめぐる論争を解決してきた．G. W. ブッシュ政権は禁欲的な性的自己抑制教育だけを支持した．その後，オバマ政権はその政策をひっくり返し，効果が証明されたいくつかの包括的性教育プログラムを支持したのである．

リスクについての意思決定の社会的文脈

　ここまで示した三つの例はすべて個人的なリスクの意思決定だが，同時に社会全体としての意思決定を反映しており，それらは過去何年にもわたって多くの人を巻き込んできた社会的問題でもある．

　社会全体の決定として，親は超未熟児の運命について口を出す権利があるとされ，ドライバーはリミテッド・トートという選択肢をもつことができ，親は自分の10代の子どもに包括的性教育プログラムを欠席させることができるようになった．このように社会の決定が個人的な決定の条件を規定している．たとえば，未熟児の出生確率は妊娠女性の健康に関係する社会の決定によっており，具体的には，妊娠女性が出生前検査をどれくらい利用でき，健康的な食事がとれるのかという社会的要因にかかっている．乳児の生存確率は集中治療の質の高さ，つまり研究や設備にどれくらい投資するかという社会的な決定で変わってくる．自動車事故の確率は道

路建設や車両検査,ドライバー教育,飲酒運転についての法律といった社会的な決めごとしだいである.10代の子どもが性感染症にかかる確率も,健康診断や治療,避妊具や避妊薬がどれくらい利用できるかという社会的な要因にかかっている.

　これら社会全体としての決定では,規範的,記述的,そして処方的分析に従って,その決定がどのようなものであり,意思決定者が決定問題をどのように認知し,どうすればより良い決定をなしうるか,が問われることになる.そして,それらの分析では,社会的な決定者(立法者,規制当局,経営幹部,医師,投資顧問,将校)もまた人間であり,リスク認知にゆがみをもち,感情のまま自制心を失ってしまう存在と想定される.そこで,以下のような問題が問われることになる.すなわち,リミテッド・トートを承認した役人が三つの選択肢("リミテッド・トート"をオプションとするオプト・イン,"リミテッド・トート"を標準設定とするオプト・アウト,そして,変更なし)をすべて考慮したのか,公衆が価値をおく結果(保険料,補償,安全)にちゃんと焦点を当てたのか,あるいはほかの側面(保険会社の利益,自分が公職退職後に再就職する見込み)に目を向けたのか,そういった結果を左右する諸要因(標準設定の影響力,モラル・ハザード)を理解していたのか,どのような有益な追加情報があったのか(安全研究についての説明会,あるいはほかの慰謝料訴訟を減らす方法についての説明会など),といった問題である.

当局の役人はしばしば自分たちが"一般の人びと"の代弁者だと主張する．しかしながら，本当の"一般の人びと"の価値と，直面する不確実性とに焦点を当てたものの見方ができなければ，その主張は空々しいものになる．役人がどれだけ良い仕事をしようとも，その価値は，彼らの仕事によって影響を受ける人びととどれだけうまくコミュニケーションできるかで決まる．最大限考え抜かれた保険制度改革であっても，ドライバーが"信頼できない役人がつくったあらたなごまかし政策"とみなしたら，何にもならないだろう．図1の統計も，もし超未熟児の親にとってわかりにくく，自分たちの身になって考えられたものでない，と受けとめられれば，役には立たない．性教育も，10代の子どもたちの正しい理解——たとえば性行為のリスクは，1回限りの不注意では小さくとも，積み重なると非常に大きくなる——につながるものでなければ役には立たないだろう（自動車運転の累積的リスクや，職場での安全手順軽視の累積的リスクも同様である）．

　人は自分が他者をよく理解している，また，他者も自分をよく理解していると過信しがちである．コミュニケーションする両者がこのことを自覚しなければ，表面的にはまっとうに見えているコミュニケーションも結果的に失敗することになる．人がおたがいに理解し合うには，そのための研究や持続的な双方向のコミュニケーションが必要である．種々の政治システムは公衆の知る権利を公約している．なぜそうするのかというと，知る権利を実現するには包括的な（規範的，

記述的,処方的) アプローチが必要であり,このアプローチによって公衆は必要な情報を理解できるかたちで受けとれるからである.このように知る権利の公約は,相手を理解しているという思い込みの欠点を補う機能をもつのである.

リスクについての意思決定は複雑であり,そのため,意思決定の性質がどのようなものかという説明もいろいろと可能である.根拠がなくてもよいのなら,人びとの信念や価値,感情,社会的な圧力がリスクへの対処にどう作用するか,想像するのは簡単である.同様に,一般の人びとが,政治システムにおける決定者の判断,ゆがみ,動機,不正について憶測することも簡単である.しかし,もし,そういった想像や憶測が誤りであったら,もとより難しい意思決定をいっそう混乱させることになる.だからこそ,本書は,リスクの意思決定において人がどうするのかを論じるさいに,実証された知見を重視するのである.

結論:リスクの意味はリスクについての意思決定の中から引き出される

リスクについての意思決定は,すべて,共通する三つの基本要素——選択肢,結果,そして,選択肢と結果を結ぶ不確実性——をそなえており,それらは社会的な文脈の中で設定され,その決定と向き合うとき,ある特定の観点を強調する枠組み(フレーム)が与えられる.それぞれの決定に対して,規範的分析は必要な知識や不確実性を体系づけることが

できる．記述的研究は，意思決定者の直感的な認識を規範的な分析結果と対比させることができる．処方的な介入はより良い決定を行うようサポートすることができる．これらのアプローチを組み合わせることによって，ごくふつうの人か，専門家かにかかわらず，社会的，および個人的なリスクの意思決定を進めるためのより良い方法を提供することができる．能動的な参加者にも，利害のある観察者にも提供できる．

　上に述べた分析視点を用いることは，リスクの意思決定を実践的な論理的判断の演習として扱うことを意味する．そして，意思決定理論はリスクの意思決定を行ううえで役に立つ知識を見極め，まとめるための道具となる．この道具は，リスクの統計分析を通して問題を分類し，最も適切な統計情報を見つけるのに役に立つ．さらに，専門家によって明らかにされた重要な不確実性を抽出したり，リスクコミュニケーションに参画したり，危険に対処してきた文化的伝統を探し出したり，どういったときに感情が判断を援助し，また，妨げるのかを理解したりといった，さまざまな面で役立つのである．つまり，意思決定理論は，われわれが価値をおく結果への脅威である，リスクの世界を理解するための総合的な方法を提供するのである．

　あるひとつのリスクに関する意思決定であっても，そのすべての側面について専門家だという人などどこにもいない．ましてや，すべてのリスクのすべての側面についての専門家

など存在しえない．技術的専門家のリスクの知識はその人の専門領域に限定されたものでしかない．また，私たちは自分のことはわかっているつもりでも，その知識には個人の信念や欲望，その他の制約要因のフィルターがかかっているのである．

　第2章ではリスクを，そして，リスクの背後にある価値を，ある共通の言語によって明確に定義する．これはリスクの意思決定をよりよく理解するための第一歩と位置づけられる．第3章では，リスク（とベネフィット）がいったん定義された後，どのように査定されるのかを検討する．第4章では，その査定に基づき，どのようにリスクについての決定がなされるのかを考える．第5章ではリスクについての決定を理解するために何が障壁となるのかを検討し，第6章ではそれを乗り越えるための方法を提供する．第7章は，社会がどのようにリスクを扱うかを通して，自らの有りようを定義し，表現していることを説明する．

　（＊訳注1）　本書では決定理論の枠組みを用いるため，「結果」という言葉がよく使われる．これは，ある選択を行ったことで生じる状態をさし，その状態の価値が選択に重要な役割を果たす．

　（＊訳注2）　日本語で信念というと"揺るぎない信条"というニュアンスがあるが，意思決定理論ではそうではなく，ある選択肢を選ぶことで特定の結果がもたらされることについての主観的な見通しを意味する．

　（＊訳注3）　一般的には逆選択はこの例とは異なり「事故の可能性が高い人ほど，保険に加入しようとする」現象をさす．

第2章
リスクを定義する

　リスクは，私たちが価値をおく結果（outcomes）を脅かすものである．リスクを定義するということは，価値ある結果にかかわる選択をうまく行えるよう，そもそも何が価値ある結果なのかを明確にすることを意味している．そして，年間死亡率や国民総生産（GNP）のように，いくつかの価値ある結果には，広く受け入れられたものさしがある．一方，幸福や持続可能性のように万人が共有するものさしのないものもある．さらにいうと，公正や自然への脅威のように，ものさしを当てて測定するという考え方そのものが論争の的になる価値もある．法学者ローレンス・トライブの「測定することで道徳感情が麻痺してしまう」という主張に賛同する人たちがいる一方で，物理学者ケルビン卿の「測定しないと改善もできない」という主張に賛同する人たちもいる．明確にリスクを定義し，それに基づいた測定を検討すると，価値の問題がきわだってくる．

価値の問題を検討するには二つの方法がある．一つ目は測定するための定義の中に，どのような価値が埋め込まれているかを吟味することである．二つ目は人がリスクについての判断・意思決定を行うときに明らかになる価値，あるいは暗黙に示される価値を調べることである．本書は両方のアプローチをとりながら，まずは，一見，簡単に見える死亡リスクの定義から検討する．そして，次に，生態系や社会の健全性への脅威というような，より広範な意味をもったリスクの測定方法に取り組む．両アプローチの共通の目標は，さまざまなリスクと，私たちが価値をおく結果とを共通の用語で定義し，私たちにとって何が最も大きな懸念なのか，あるいは何を最も懸念すべきなのかを見極めることである．

すべての死は平等か？

　表1は死亡リスクについてのよくある定義「年間死亡者数」の統計である．もし，米国の社会がこの定義に基づいて公衆衛生上のリスクへの取り組みを決めるなら，リストの上位にあるリスクの削減に資源を集中させることになるだろう．上位四つは高齢者の疾病である．心臓疾患，がん，脳卒中，慢性呼吸器疾患がならんでいる．これらに資源を集中するということは，その定義の中の，「すべての死は平等であり，死亡総数こそが問題」という暗黙の価値を受け入れることになる．しかし，若者の死を老人の死より割増し評価する，という別の価値のおき方もありうる．この価値では，若者が高比率で含まれる事故死（第5位）をより懸念の対象と

表1 米国におけるおもな死因（2006年）.

1.	心臓病（心血管疾患）	631 636
2.	がん	559 888
3.	脳卒中（脳血管疾患）	137 119
4.	慢性下気道疾患	124 583
5.	事故（不慮の事故）	121 599
6.	糖尿病	72 449
7.	アルツハイマー病	72 432
8.	インフルエンザ・肺炎	56 326
9.	腎臓疾患（腎炎・ネフローゼ症候群）	45 344
10.	敗血症	34 234

出典：米国疾病対策予防センター，全国人口動態統計レポート（2008）.

するリスクの定義が必要になる．その定義に応じた評価法では，事故による121 599人の死をなくすことは第4位の慢性下気道疾患による124 583人の死をなくすことよりも有益であり，さらには，第1位の心臓病による631 636人よりも価値があるとみなすことになるかもしれない．

年齢を問題とするなら，死亡リスクについては「期待損失余命」という別の定義がある．健康な20歳の人が交通事故で死亡した場合，その事故に遭遇しなければありえたおよそ60年の余命を失ったと考える．80歳の人の心臓発作による死は，ありえた"わずか"数年分の損失にすぎない．正確な損失を評価するには，「心臓病を抱えた人はほかの病気にどれくらいかかりやすいか」いう点を考慮した，こまやかな統計分析が必要になる．しかし，いずれにせよ価値についての問いは次のようなあからさまなものになる．すなわち，若者の死はとくにまずいことなのか，という問題である．どの定

義であろうと，若者の死と高齢者の死を同じとするか，別とするかという問題を避けることはできない．リスク分析者は"死亡リスク"を計算するとき何らかの定義を用いるが，その場合，意思決定者にはどのような結果を重視するかという価値の方向づけが必要になる．それがないと，リスク分析が勝手に社会の価値を定めてしまうことになる．

"損失余命"は年数を計算するものである．とすると，次に来る問いは，論理的に，「すべての年月には同じ価値があるのか？」になる．それに対する健康経済学者の典型的な回答は，「人生における不健康な年月は健康な年月よりも価値が低い」である．したがって，慢性心臓血管系の持病がある高齢者が心臓発作で死亡した場合，比較的良くない健康状態で過ごす，比較的短い数年が失われるだけ，ということになる．こういった数年を測定する共通単位として質調整生存年数（Quality-Adjusted Life Year：QALY，"クオーリー"と発音）がある．この測定の背後にある定義は，健康状態が良くない人びとの余命に低い価値しかおかないものである．

"死亡リスク"の定義はほかの面でも格差をもたらしうる．たとえば，男性か女性か，母親であるかそうでないか，市民権を持つのか持たないのか，などによって重みづけが違ってくることがある．同様に特定の死因に特別の重みがおかれることがあり，たとえば，医療用X線，屋内ラドン，太陽光，排ガス，農薬，アスベスト，遺伝子損傷，内分泌撹乱物質，熱暑，寒冷，二酸化炭素，一酸化炭素，食物，ギャング，ア

ルコール,アスピリンなど.特定の死因が特別なものと見なされうる.

このように,死亡リスクの計算においては何をどのように重みづけて計算するかが重要である.しかし,価値の重みづけの問題は機械的な計算手続きに隠れてしまうことがある.たとえば,2007年,**米国死亡診断基準**が改訂され,注目すべき属性として,人種,妊娠状況,喫煙の有無の3項目が追加された.

ところが,この改訂を行った委員会は,対象者がホームレスかどうか,健康保険に加入しているかどうか,糖尿病かどうかという項目は追加しないこと(あるいは考慮しないこと)を選択した.ベトナム戦争のさい,死亡者を計算した米国政府は「かけがえのない人命を数字に置き換えている」と批判にさらされた.一方,イラク戦争では,米国政府がイラク民間人の犠牲者数を計算しなかったことが,現地の被害へ

表2 死亡リスクを測定するその他の方法.

- 人口100万人あたりの死亡者数
- ばく露源 x km以内における,人口100万人あたりの死亡者数(例:大気汚染,工場爆発)
- 毒性濃度1単位ごとの死亡者数(例:放射線,農薬毒性)
- 施設ごとの死亡者数(例:炭鉱,化学工場,オフィスビル)
- 大気中に放出された毒物1tあたりの死亡者数
- 人体に吸入された大気中の毒物1mgあたりの死亡者数
- 原子力,水力,石炭,ガス火力発電の電力1kWあたりの死亡者数
- 航空機,自動車,鉄道による輸送距離1マイル(1.6km)あたりの死亡者数

出典:P. Slovic ed.,"The Perception of Risk", Earthscan (2000), p.397を改変.

の無関心さを示すものとして批判された．表 2 はほかのリスクの定義をならべたものであり，それぞれ，死の相対的価値についての立場を表現している．

リスク‐ベネフィット・トレードオフについての選好の顕在化

　図 3 は，リスクを定義する二つ目の方法をとって，日常生活におけるリスクについての意思決定の集積に目を向け，そこに潜んでいる価値を取りだそうとした研究結果である．発表された 1969 年以降，この研究はリスク研究を刺激し続けてきた．図の作成者は原子力工学者であった故 チャンシー・スターであり，彼はリスクが社会的に受容されるかどうかを判定できる公式を探究した．彼は社会を理想的な主体として描き，社会はさまざまな"ハザード"からもたらされるリスクとベネフィットのトレードオフに基づいた選好を"顕在化"させる合理的な存在だと考えた．スターはその社会的な選好のしくみを明らかにしようとしたのである．

　スターは次のように考えた．すなわち，社会は"リスク"を，あるハザードにさらされている 1 時間あたりの死亡者数として定義し，"ベネフィット"をその活動に従事する 1 人あたりの経済効果として定義している．図 3 は，この考えに沿っていくつかのハザードのリスクとベネフィットを測定した結果である．項目が全般的に左下から右上にむかって位置しており，大きなリスクには大きなベネフィットがあること

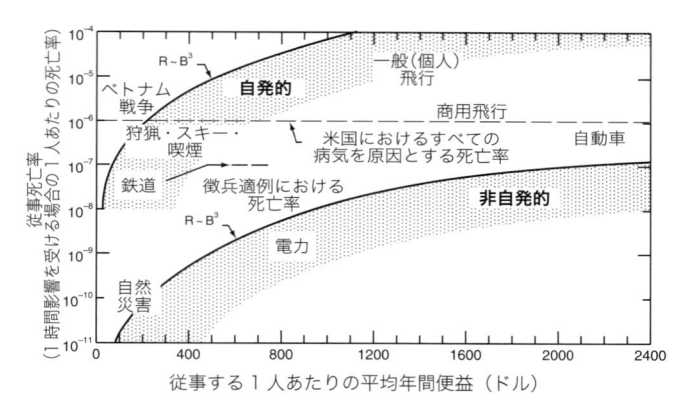

図3 リスク-ベネフィットのトレードオフから"明らかにされた",八つのハザードに関するリスクとベネフィットの大きさに関する統計的推定値.図中の $R \sim B^3$ は,リスク(死亡確率で定義される)が,ベネフィットの3乗とほぼ比例することを示している.影の部分は,スターが非公式に示した不確実範囲である.

が示されている.この大まかなパターンから,社会は大きなベネフィットをもたらすハザードについては,大きなリスクを"受容している"とスターは結論づけた.しかし,同時に彼はこのパターンがあまりにおおざっぱで,上記のリスクの定義では不十分であるとも考えた.つまり,社会はばく露1時間あたりの死者数以外の要素も考慮しているはずである.というのは,たとえば飛行機利用でみると,一般(個人)飛行も商用飛行もほぼ同じ経済的ベネフィットを生み出しているのにもかかわらず,一般(個人)飛行は商用飛行よりもずっと高いリスクが受け入れられているからである.

この問題に対するスターの見解は,「個人飛行の高いリスクを受け入れるのは,自家用機で移動することを決定している本人であり,自発的な活動と考えられるからだ」というものであった.対照的に商用飛行は,それを利用しなければならない人びとにとって非自発的なものということになる.

　さらにスターは,航空機利用は二重規準の典型例であり,社会は,どのベネフィット水準でも,自発的ハザード(狩猟,スキー,喫煙)には非自発的ハザード(自然災害,電力,自動車)よりも高いリスクを受容するとしている.実際,図3は単一のリスク-ベネフィット曲線にはまとまらず,自発的リスクを示す上の曲線と,非自発的リスクを示す下の曲線に分かれている.この見解が正しいなら,あるハザードが社会に受容されるかどうかは,リスクとベネフィットに加えて,自発性を勘案し,図中の対応する曲線の上側に位置するか,下側に位置するかで判定できることになる.

　当時の社会問題にかかわる論点として,スターはベトナム戦争に対する米国人の反対姿勢は,兵役適齢層におけるほかのリスクと比べて,徴兵によって課せられるリスクが非自発的なためとしている.彼は戦争には経済的ベネフィットを認めず,図3の左上(リスクが高く,ベネフィットが小さい位置)に位置づけている.多くの米国人には戦争のリスクは受容できないものであり,そのため戦争は非自発曲線から逸脱している.

スターの分析は，あるハザードが社会的に受容されているという事実から，つまり，社会全体の集合的な行為の結果から人の心理を推定している．こういった選好分析でよく見られる問題点ではあるが，彼の分析には三つの強い前提がある．一つ目は，実際に行為を行う人びとがスターと同じように，リスク，ベネフィット，自発性を「定義」しているという前提である．二つ目は，ハザードのリスク，ベネフィット，自発性の「大きさ」も人びとがスターと同じように認識しているというものである．三つ目は社会に存在するということは，人びとがそのハザードのリスク–ベネフィット・トレードオフを受容しているというものである．

　しかし，これらの前提はいずれも疑わしい．例として自然災害（洪水や地震）を考えてみよう．スターによると，それらは非自発的ハザードで，経済的なベネフィットによって補償されないものとみなされる．しかし，自発的に，危険地域や氾濫原，海抜の低い島，地震の断層付近に住んでいる人もいる．もしそうであれば，自然災害は図中の自発性の曲線に位置づけられるべきということになる．つまり，どちらの曲線に位置づけられるかは，それら危険地域に住むことの経済的なベネフィットをどのように考えるかしだいである．たとえば，洪水防止や復旧のためのお金は，それによって生計を立てる人がいる場合，費用と考えるのかベネフィットと考えるのかという問題が生まれる．

　仮に人びとが同じようにリスクとベネフィットを定義した

としても，それらの大きさを同じように認知するとは限らない．人は重要な情報を欠いたまま，居住地選択のような重要な決定を行うことがある．たとえば，地理学者のギルバート・ホワイトが明らかにしたように，小さな洪水から防護されている地域に住んでいる人びとは大洪水のリスクの大きさを過小評価しており，防護力にも限界があるということをしっかりと理解していない．このため，堤防裏やダム下流の居住を決めた場合，彼らは自覚なしに大きなリスクを受容していることになる．統計データは必ずしも人びとの自覚的な選択の集積とはいえないのである．

　ほかのハザードも同様に定義をめぐる問題を引き起こす．喫煙のリスクは，最初に自分で吸ってみたのだから自発的なのだろうか？　それとも，やめたくてもやめられないのだから非自発的なのだろうか？　はじめて吸う人はスターの統計に応じたリスク認知をするだろうか，それとも，自分はいつでもたばこをやめられるので自身には関係ないと思うのだろうか？　喫煙者はたばこが値上がりすると，そのぶん多く出費するようになるが，この場合，はたして喫煙の費用対効果は正確に理解されているのだろうか，それとも費用だけが過小評価されるのか？　禁煙プログラムや肺がん治療に費やされるお金は，廃棄物処理費用が国民総生産に含まれるように，経済的なベネフィットとみなされるのだろうか？　喫煙者は遠い将来，他人によって負担される上記の費用を考慮するのだろうか？　このように見ると，確かにリスクについての決定から，人びとがリスクやベネフィットをどのように定

義しているかを多少は明らかにできる．しかし，リスクとベネフィットの定義についてより豊かな情報を引き出すには，図3のような集合的統計でとらえること以上に，個人がどのように決定をしているのかに関してより直接の知見が必要である．

リスクの次元

　スターの分析は個人の選好に関する知見として多少不明瞭なところはあるが，それでも，人の直感的なリスクの定義が，たんなる死亡統計以外の要素を反映していることを教えてくれた．スターに続いて，生命倫理学者のウィリアム・ローレンスは，人びとがいかにリスクを定義し，決定するかに関係する八つの"属性"を提案した．彼の提案した属性は，リスクが科学的に**未知**であるかどうか，**おそろしい**という感情を引き起こすかどうか，多くの生命にとって**壊滅的**かどうか（一度に1人以上の犠牲者が出るか）といったものであった．これに続いてさらに多くの属性がリストアップされており，ある概説では，生態系のリスクに関してだけで，39もの属性があげられている．

　多数のリスク属性の意味を抽出するには，「原子力発電のリスクはどれくらい自発的なものだと思いますか？」というふうに人びとに質問し，回答から抽出される属性のまとまりを検討することである．図4はローレンスのリスク属性を用い30種類ほどのハザードに対する人びとの評定をまとめた

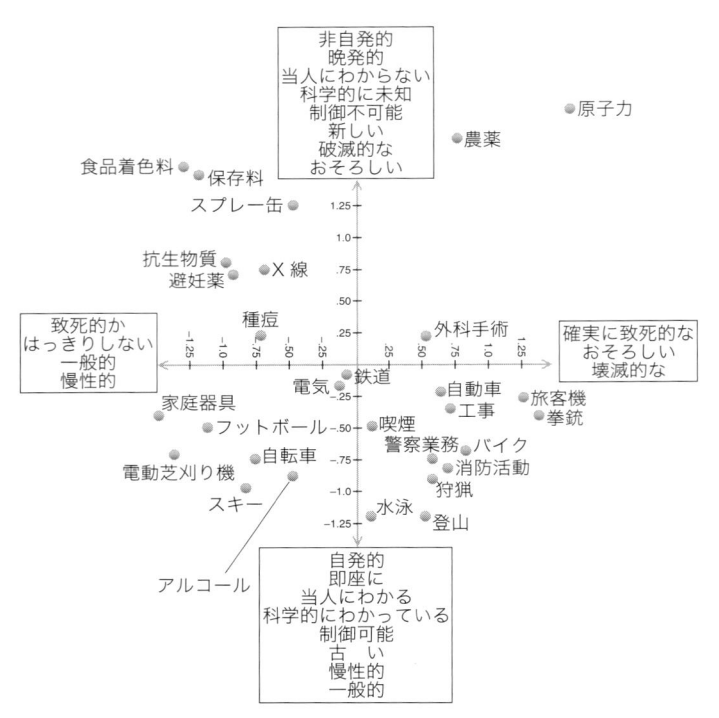

図 4 30 種類のハザードに対する九つのリスク属性評定に基づくリスク空間.

ものである．この結果は 1970 年代後半にオレゴン州ユージーン市の市民グループメンバーのデータから得られた結果であるが，別のグループやハザードの組合せ，異なる調査手続きを用いたほかの多くの研究においても，おおむね同様の結果が再現されている．

この研究では，ある統計手続き（因子分析とよばれる手

法）によって九つの属性の背後に二つの次元があることが見出された．縦軸で高い位置にあるハザードには，たとえば，食品着色料や農薬，原子力発電のように，非自発的で，影響が遅延し，そのリスクにさらされている人に認識できず，科学的にもよくわかっていないうえに，制御困難で，新しく，壊滅的でおそろしい，というリスクの属性があるとみなされる．また，原子力，拳銃，旅客機といった横軸で高い得点のハザード（右に位置するハザード）は，相対的におそろしく，壊滅的で，悪くすれば致死的，というリスクがあるとみなされる．拳銃と旅客機とは本来まったく別のものであるが，リスク属性については共通部分が多いということである．横軸で見ると両ハザードは高く（右に）位置しており，相対的におそろしく，致死的で壊滅的なリスクであるとみなされている．縦軸ではいずれもだいたい平均レベルである．もし，こういった評定によってリスクの重要な側面をとらえられるならば，あるハザードがこのリスクの二次元空間のどこに位置するかによって，社会がそれにどう対処するかを予測できる．実際，拳銃と旅客機は米国において中程度の厳しさの規制を受けているものの，両軸ともに高い位置にある原子力や農薬ほどの強い規制は受けていない．

こういったリスク属性を政策決定に反映させるべきかどうかは，また別の問題である．自発的リスクと非自発的リスクという二重規準を適用すると，個人（スキー，狩猟，アルコール）に対してよりも，産業界（原子力，農薬，食品添加物）に対して，不公正な高い要求を突きつけていると批判さ

れるかもしれない．また，未知性の高い技術に対して厳しい基準を設定することは，技術発展への妨害とみなせるかもしれない．さらに，あるハザードが導く「おそろしい」という印象を政策決定に反映させると，リスクについての政策が感情に支配されるのを是認することになる．

　しかも，図4に見られるようにリスク属性は相関しているので，その影響のもつれを解きほぐすのは難しい．つまり，非自発的で新しく，おそろしいハザードは，未知なものであり壊滅的な結果をもたらす可能性がある．おそろしいという感情的な理由でハザード管理を厳しくすることは不合理かもしれないが，それは未知性の高いハザードを厳しく管理するということでもあり，賢明であるようにも思える．壊滅的な結果をもたらすかもしれないハザードの管理をより強く規制することは，「一度に1人が犠牲になる多くの事故より，一度に大勢が犠牲になる低頻度の事故（犠牲者1人の自動車事故300回より，300人が一度に犠牲になる飛行機事故）を，根拠が薄弱なまま回避しようとしている」と言えるかもしれない．しかし，それは大惨事をもたらすハザードのさまざまな不確実性を回避していることでもあるのだ．非自発的なリスクは同時に不公平なリスクでありがちだが，そういったリスク管理に高いレベルを求めることは公正に扱われるべきであるという権利の行使であり，たんなる感情的行為とばかりは言えないだろう．

　したがって，人びとにリスク属性の評定を求めることで

(図4)リスクがどのように定義されているのかを明らかにすることができ,たんなる行為の結果の集積(図3)からリスク受容の要因を探る分析よりも,いっそう豊かな知見をうることができる.しかし,この方法でもほかの調査と同様に,はたして人びとがどれくらいうまく自分の考えを回答できているのかという問題点がある.そこで,次の節では,人びとに対して熟議を促し,そこからリスクの定義を明らかにする方法をみてみよう.

リスクの順位づけ

　1970年代初頭,米国環境保護局(EPA)に何十人もの市民メンバーが招集され,自分の地域にとって(たとえば,あるケースではバーモント地域住民らしい生き方にとって),リスクがもたらす最も深刻な影響は何かを指摘するよう求められた.メンバー1人ひとりがこうして深刻な影響によって"リスク"を定義した後,環境科学者がそれぞれの地域のリスク定義に関連する,重大なハザードをとりまとめて説明した.その後,メンバーはこのとりまとめを用い,自分たちが定義したリスクの大きさに応じて,各ハザードを順位づけしたのである.

　EPAにとってこの"リスク順位づけ演習"には二つの目標があった.一つ目は科学的情報を利用しつつ,自分たちの地域の問題を引き受ける権限と役割を住民にもたせることである.二つ目は,20年前に当時の国家的な問題意識によっ

て設定されたEPA自身の"リスク"の定義を見直そうというものである.ほかのうまく設計された住民参加型プロセスと同様に,メンバーたちは実りある対話を行い,"利害関係者(ステークホルダー)"と技術的専門家を結びつけることができた.しかしながら,メンバーたちは地域問題に重点をおいており,それぞれで独自の"リスク"の定義を生み出したので,各地域を通じたリスクの総合的な順位づけを行うことは困難であった.

リスクを順位づけしやすいように,英国政府主導で,プロジェクト(不動産開発,グリーンエネルギー源,危険のある施設設置など)を評価するさいに利用する標準的なリスク属性のセットが設定された.図5(左側)に示されるように,その枠組みには期待死亡者数やほかの被害に伴う経済的費用を評価するコスト-ベネフィット分析(CBA:費用-便益分析)の結果が含まれる.そこでは,リスクを除去できるなら人びとが支払ってよいと思う最低金額(WTP,経済学用語)を示すよう求められる.図の右には図4の次元を構成していた六つのリスク属性が示されている.表中に二つの列があることで,専門家と一般人とではこれらの属性に関してハザード認識に相違がありうることが示唆される.このようにしてリスクを定義し,リスクとベネフィットを比較したからといって,意思決定者にどの属性を重視すべきか伝えることにはならないし,なすべき決定を示すことにもならない.しかしながら,これは公衆の幅広い関心を取り入れることを可能にする手法といえる.

不安査定の枠組み

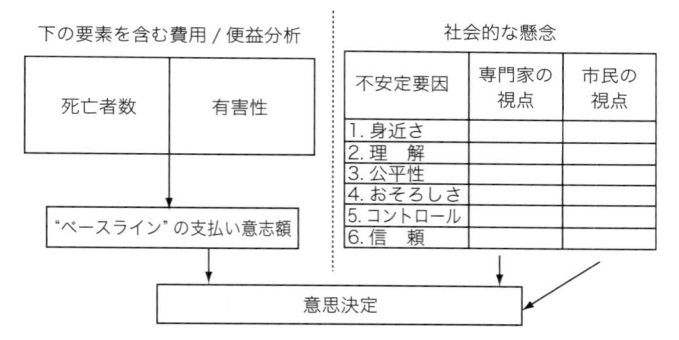

| 下の要素を含む費用/便益分析 | 社会的な懸念 |

| 死亡者数 | 有害性 |

"ベースライン"の支払い意志額

不安定要因	専門家の視点	市民の視点
1. 身近さ		
2. 理 解		
3. 公平性		
4. おそろしさ		
5. コントロール		
6. 信 頼		

意思決定

図5 リスクを定義する標準的な方法．左側の特性は計算によって算出される．右側の特性は，5段階での判断がデータ化される．たとえば"おそろしさ"の5段階は，(1) とるに足らず，一時的なもので，ありふれている，(2) 深刻かもしれないが，対処可能，(3) 深刻で，長期にわたるが，自然なもの，(4) 深刻であり，永続的で，非倫理的である，(5) 破滅的な影響があり，永続的で，非常におそろしい，となる．

　これまで見てきたとおり，米国EPAと英国政府の手法は人びとがいつも暗黙に行っているリスクの順位づけに，明示的に取り組むものである．ある人は，自分の子どものせき込みや自家用車のがたつき，年老いた両親の転倒，空き巣の流行，やっかいな吹き出もの，投資ポートフォリオの悪化などの問題を抱え，どれから対応すればよいのかとリスクの順位づけに頭を悩ませている．また，教育委員会のメンバーは，スクールバスのシートベルト，運動場でのけんか，感染症の流行，壊れたままの階段，生徒の肥満などの問題に一度直面し，どう対処すべきか悩んでいるかもしれない．農家やトラック運転手，10代の子どもたちから議会にいたるまで，

第2章 リスクを定義する

それぞれ直面するリスクのリスト化と順位づけに取り組んでおり,重大なものに焦点を当て,「小さなことにとりあわないよう」に努めているのである.

人はリスクの優先順位をうまく設定できずに,自らを責めることがある.しかし,EPAや英国財務省が提供したような,基本的価値を明快に表現し,社会で共有するリスクの定義がない状況では,リスクを順位づけることは難しい.そのような定義なしにさまざまなリスクについて一挙に考えようとすると,結局,どのリスクも十分には考えられなくなる.人生というのはたいてい,目先の問題を"なんとかかんとか"切り抜けつつ,ある大きなできごと(たとえば,洪水や熱波)が発生し,注意をひきつけるのを待っているようなものである.明示的なリスクの定義をせずに,対処すべき問題の優先順位を上げ下げし,日々過ごす.このため交通事故を見たドライバーは,自分の車のがたつきがたんにうるさいのではなく,早急の修理が必要なのだとハッと気づく.ある警戒報道によって,教育委員会は,感染症の流行への準備が急を要するものであり,ほかの直面するリスク(食中毒,暴力,不登校)に免じて無期限に先送りしてよいものではないとわかるだろう.

優先順位の設定がうまくいくかどうかは,どのリスクが注意をひきつけるかにかかっている.価値をおく結果に重大な脅威となるリスクに注意を向けられれば,適切な優先順位を設定できる.逆に,些末なリスクに焦点を当ててしまうと,

設定した優先順位は不適切なものとなる．子をもつ親は自身の健康という大事を気にとめず，その一方で，子どもの，自動車の，家屋の，ちっぽけな問題に没頭してしまうことがある．政府も，将来予想される健康問題を無視して，目先の経済問題に集中してしまうことがある．教育委員会も日常的な危機に対処するのに手いっぱいで，迫りくる災害を無視することがある．24 時間・7 日間周期のニュースサイクルに縛られていると，情報として価値のない些細なできごとに気をとられやすい．対照的に，優先順位づけは伝統的文化の中では容易である．なぜなら，そこでは人びとの間で同意され，安定しているリスクの定義があり，それによって共有される価値への脅威に皆の注意が向くからである．

リスクの指標

死亡リスクの定義にもいくつかあり，それらの間には微妙な違いがあるが，少なくとも死という明快な結果で表現されている点は共通している．同様に，各種疾病や事故や金融リスクも，共通する明快な結果で表現される．しかしながら，いくつかの価値のある結果は構成が複雑で，単純で直接的な測定ではとらえきれない．そういったリスクは，最も重要な結果を反映する複数の"指標"で定義するしかない．たとえば，生態系や人間社会の健全性は単純には測れない複雑な結果を含んでいる．

水界生態系はさまざまな汚染物質（道路の凍結防止剤，農

薬，油，糞便性細菌，浄水時の副生成物，廃棄薬物，流出した化学肥料，分解プラスチック粒子）によって脅かされ，さまざまな生物（プランクトン，海藻，魚，海洋哺乳類）が，さまざまなかたち（直接的な汚染，免疫機能や回遊システムの不全，社会的行動の撹乱）で影響を受けている．個々の影響を査定することはできても，そういった個別の測定では"生態学的健全性"を構成する複雑な相互依存関係をとらえられない．魚の個体数の健全性測定も水界生態系の鍵とはなるが，魚の個体数は捕食，天候，病気その他の要因によって大きく変動するので，単独の数値指標では健全性の質を把握しきれない．

　生態系の健全性のような複雑なシステムを把握するための一つ目の方法は，異なった側面を調べる指標を組み合わせることである．たとえば，下水処理水の放出地点での水質は，水生生物が利用できる溶存酸素量，ピーク時の水温，溶解物質や浮遊物質，アルカリ度（pH），残留農薬量などで測定できる．ここでも死亡リスクと同様に，各々の測定手続きは，それぞれ価値を表現している．たとえば，より細かい時間単位（年単位でなく時間単位で）や細かい範囲（地域ごとではなく湖沼ごとで）で観察を行えば，指標が要対策レベルを超える可能性が高まるし（高い水温や濁度に関して），健全性の悪化が問題として浮上する可能性も高まる（「われわれは生後1年以上成長した銀鮭を釣る楽しみを失いつつある」）．異なった生態学的尺度を組み合わせることで，生態学者が生態系や生息地の質を評価する柔軟なものさしのように，リス

クを測定することができる.

　二つ目の指標は,生態系のバランスにとって不可欠な要石となる種の健全性である.たとえば,ウニはコンブの小さな根をかじってコンブの森を破壊してしまうが,ラッコはそのウニを食べる.その結果,ラッコの個体数はさまざまな生態系の健全性を表す一つの指標となっている.ピッツバーグ地方で脱工業化が進んだ1980年以降,カワウソの帰還は自然回復を示す指標となった.両生類や無脊椎動物の減少は生態系の初期段階の悪化を警告する.これは,サンゴや共生藻の死が海水温上昇を警告するのと同じである.

　三つ目の指標は生物多様性であり,これは小さな問題が壊滅的な事態につながることを防いでいる.植物と動物が豊かな生態系は,水質浄化やごみの分解,養分の再循環,食料の提供,生息地保護など,必要な機能をさまざまな方法で実現している.つまり,生物多様性は,状況悪化に対する一種の生物学的保険を提供していることになる.生物多様性という指標を重視することは,生態系の持続性を測定するうえで,科学的根拠に価値をおくことになるのである.

　生態系の健全性についての四つ目の指標は,十分なものとはいえないが,経済的な価値である.生態系は,光合成や窒素変換,酸素の生成など,人間が生活するうえでなくてはならない役割を担っている.私たちには,きれいな水や土地,そして森がもたらす食料や住まいが必要であり,湿地による

洪水防護や浄水も必要である．さらには，鳥や虫による受粉も不可欠である．"生態系サービス（生態系の公益的機能）"という指標は，自然界のシステムを人工物に置き換えるための金銭的費用で測定される．たとえば，湿地を代替の堤防や浄水施設に置き換える費用として測定される．もう一つ別のアプローチは環境経済学が探ってきたものであり，自然界固有の価値をお金に置き換える手法である．これは生態の個々の機能を代替実現するための費用というわけではない．この手法で用いられる典型的な指標は，自然界の一部を保護するためにいくらまでなら支払うかという支払い意志額である．このような金銭化によって，ふだんは見過ごされやすい，環境からもたらされる価値に向き合える．しかしながら，この方法は環境保護について明確に経済的価値が認識されているなら測定法として高く評価されるかもしれないが，「自然世界はそれじたいの権利として価値があるのだ」という立場で戦う場合，見通しは明るくない．

人間の条件に対するリスク

　人間の幸福に対するアリストテレスの尺度は"善き生活"を営んでいるかどうかであった．そういった豊かな概念の指標は，生態系の健全性の指標と同じようになる．すなわち，いくつかの測定の組合せが幸福の最低条件をカバーするものであり，それは，食べもの，きれいな水，基本医療，教育の機会，身体の保護などである．図6はその組合せの一例である．これらの指標は1日1ドル以下で生活している世界の

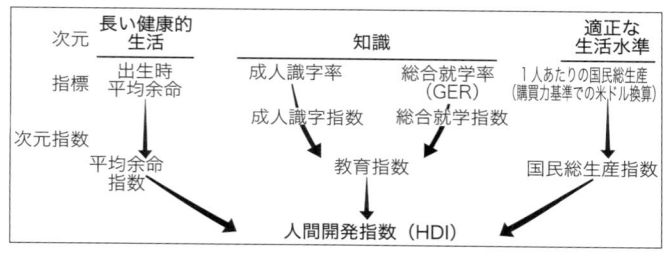

図6 国際連合による人間開発指数.

"最底辺の10億人"を対象とし，一定の形でデータ収集され，幸福改善に直接結びつく統計値が利用される．たとえば，教育指標は就学と識字を含んでおり，これら二つは社会プログラムの一般的な統計指標であり目標でもある．

ラッコのように生態系の健全性を示す指標として要石となる種があったが，健全な人間社会かどうかを示す指標においても同様の要石がある．その一つは自給農業比率の低さ（ここでは低い方が肯定的）である．自給農業は生産性の低さゆえに食料の蓄えが困難で，人からほかの手段で富を得られるはずの労働時間を奪う．二つ目は女性の初期妊娠状態のくり返しが少ないことである．初期妊娠のくり返しは経済的自立や社会的な権限を得るために必要な教育から女性を遠ざけてしまう．三つめはしっかりしたインフラ整備（道路，衛生，電力）であり，生産性の高い労働と，有効な資源利用に必要である．

生態系の指標と同様に，これらを測定することに意義があ

るのは，科学的にその重要性と適切な解釈法が理解されている場合に限られる．女性の教育水準や家族サイズと幸福度との関係はこれまで十分に確認されている．人口統計学者は家族サイズという尺度の適用のしかたを理解しており，たとえばその一つである合計特殊出生率（TFR）という尺度は，高齢化したヨーロッパ諸国では（人口維持に必要な）2.0 を少し下回り，発展途上国だと 6.0 くらいまで値が上がることがわかっている．また，社会学者は武力紛争や強制退去，虐殺といった脅威をとらえるための"暴力発生"尺度を開発してきた．この尺度は若年層の失業の増加と関連しており，それが暴力へとつながることから，「平和を求めるには貧しすぎる社会」という表現が正しいことを実証してきた．ここでも，リスクを定義し測定する作業は，科学を価値に引き寄せることであり，対象リスクがどのような価値をどれくらい損ねているかを表しているのである．

それは安全なのか？

　どのように定義されようが，"リスク"は，あるかないかという二分法ではなく，「測定不能なほど小さい」から「ありうる中で最大」までの幅をもつ概念である．けれども，意思決定者はしばしばリスクを，行動を起こす基準を上回っているかそうでないかという二分法で判断するよう求められる．たとえば，その投資は年金計画として十分安全なものか，爆弾テロの脅威は空港から人を避難させなくてはいけないほど大きいのか，予想降雪量は休校措置を正当化するほど

か，ある薬品の副作用は"警告"ラベルを張るほどのものか，ある溶剤の毒性は家庭用としては高すぎるかどうか，といった判断である．

あるリスクの高さを一般的な基準値と比較することはリスク分析者の仕事である．しかし，基準値の設定そのものは政策決定者の役割であり，たとえば，テロ攻撃のリスクがある基準以上に高ければ，大きな経済的損失を出してでも空港を閉鎖すると決めるのは政策決定者の仕事である．もし，政治家が基準値をあいまいなままにしておくと，ほかの人間が勝手に基準値をつくり出すことになってしまう．表3は気象学者が予測するよう求められた，気候変動に関する政府間パネル（IPCC）の"危険な人為的干渉（DAI）"量である．

すべての単独の（DAIのような）指標は，難しい価値の問題に直面する．それは，時間経過に伴って経験することになる費用とベネフィットをどのように比較すればいいのかという問題である．もし，すべての問題が金銭に還元されるなら，経済学者の答えの出し方は広く受け入れられるものである．それは現在の利率によって将来の価値を"割り引く"という方法である．仮に，利率が5%とすると現在の10 000円は来年10 500円の価値となり，その翌年には約11 000円となり，複利の魔法によって遠い将来には非常に大きな額になる（50年後には約115 000円）．この価値割引を用いると，今日，環境保護への10 000円の支出は50年後の115 000円分の値打ちがあり，つまり50年後の環境被害額が115 000

表3 "危険な気候変動"の定義.

　気候変動に関する政府間パネル（IPCC）は、"**もし**、二酸化炭素濃度が580 ppm で安定すれば、**その場合**、2005年と比較して、気温が1.5〜4.5℃上昇する可能性は3分の2である"というかたちで研究概要を報告した（下表にその評価値を示す）．この報告は、さまざまな情報源からのデータが統合されており、科学的な判断を示したものである．しかし、IPCC の規約では、"危険な人為的干渉（DAI）"のリスクについても評価しなくてはならないと定められている．"危険な"というのは、"リスクがある"と同様に価値判断が避けられず、どのような影響が許容できないのか判断しなければならない．そこで、IPCC の科学者たちは将来の地球温暖化のレベルを、5項目の"懸念の理由"に基づいて'低〜高'の範囲で評価を行った．それらは（1）生態系への脅威、（2）極端な気象事象、（3）影響の偏在性の大きさ、（4）影響の累積性、（5）大規模な"非連続"事象の発生（例：海流や海水面の変化）、の5項目であった．ただし、科学者たちは明確な基準値を設けなかった．一方、気象学者のステファン・シュナイダーとマルチェロ・マストランドレアは、「IPCC の報告は暗黙のうちに＋2.85℃を基準値にしている」と主張している．彼らの同僚であるジェームス・ハンセンは、IPCC は被害の大きさを過小評価しており、基準値は＋1℃にすべきだと主張している．彼はさらに、＋1℃というのは"危険"についての客観的な下限基準にすぎず、先の氷河期以降最高の気温を超えており、"人類史上経験のない事態"だと主張している．

二酸化炭素および その他の温暖化ガス の安定化濃度(ppm)	＋2℃	＋3℃	＋4℃	＋5℃	＋6℃	＋7℃
450	78%	18%	3%	1%	0%	0%
500	96%	44%	11%	3%	1%	0%
550	99%	69%	24%	7%	2%	1%
650	100%	94%	58%	24%	9%	4%
750	100%	99%	82%	47%	22%	9%

1行目は、濃度が450 ppm で安定した場合に、（1850年と比較して）最低でも2℃以上気温が上がる確率が78%であり、3℃以上上がる確率は18%であることを示す．560 ppm というのは、産業革命以前の濃度の約2倍である（この計算は、メタンなどの各種温暖化ガスの影響を二酸化炭素量に換算している）．

出典：M. Mastrandrea, S. Schneider, *Science*, **304**, 571(2004)., N. Stern, "The Global Deal: Climate Change and the Creation of a New Era of Progress and Prosperity", Public Affairs (2009), p.26.

円未満なら，今日，環境保護に 10 000 円も振り分けるべきではないという理屈になる．

この理屈は，私的投資にはうまく当てはまるかもしれないが，公共の投資に適用するには問題がある．私的投資なら今日節約することで，将来，くり延べられたベネフィットを自分で得ることができる．しかし，公共の投資について考えてみると，将来世代は，環境悪化を無視して今日節約された金銭のベネフィットを受けることはできない．もし，その節約分が将来世代に向けた投資に使われたなら，その収益で将来世代の被害をとりもどしたり，あるいは，回復不能な損失を埋め合わせたりできるだろう．しかし，その節約分が今日の人びとのために使われるなら，将来割引は将来世代にとって無価値である．金銭的にどのような措置がとられようが，将来の命の価値割引を正当化することはできず，もしそれをすると，将来の人間の価値は今日の人間よりも低いと定めることになってしまう．そんなことは許されず，1人の命（あるいは，質調整生存年数）は，いつも等しい価値をおかれるべきである．

"受入れ可能なリスク"

リスクは表1（p.37）の主要な死因リストのようなかたちで示されることが多く，さまざまなハザードが単一の属性によって表現される．よくある表現法の一つは，未熟児の死亡確率を100万分の1高めるハザードを並べて示すことであ

る．そのようなリストは"リスク比較"を促し，これはたとえば，原子力発電施設の敷地境界に50年間住むことによる100万分の1の発がんリスクの上昇と，スプーン1杯のピーナツ・バター（に含まれるアフラトキシン）を摂取することによる100万分の1の発がんリスクの上昇とを比較する，というかたちをとる．こういった比較は一方を受け入れているのだから，もう一方も受け入れるべきではないかという主張を導くことになる．

　しかし，このやり方には三つの根本的欠点がある．一つ目の欠点は，"リスク"を死亡リスクという単一の尺度で定義できるという前提をおくことにある（その問題点については先に論じた）．二つ目の欠点はリスクについての決定をリスクだけ問題にして行うという前提にある．人はベネフィットのないリスクを自主的に受け入れることはない．もし，ベネフィットの大きさが二つのケースで異なっているなら，リスクが同じなのに選択が異なってもおかしなことではない．ピーナツ・バターのおいしさはアフラトキシンのリスクを補うが，原子力発電所を隣人とすることには何のベネフィットもないと感じるだろう．最後の欠点は，すでに社会に存在するリスクは心理的に受容されているという前提にある．たとえば，ピーナツ・バターは（アフラトキシンやサルモネラ菌のために）リスキーだが栄養上のベネフィットを得るために必要として心理的に受け入れられる．一方で，原子力発電は社会に存在してはいても，代替エネルギーがあるからと心理的には受け入れない人もいるだろう．

100万分の1の死の可能性

豊かな国々における年間死亡率というのはだいたい100人に1人くらいである(0.8%).1年間は約10 000時間なので,生存する100万時間(= 100人×10 000時間)あたり1人死ぬことになる.つまり,ある人が豊かな国に暮らしていれば,死ぬ確率は平均すると1時間あたり100万分の1ということになる.事実上,これが生きていることのリスクということになる.もちろん,リスクはかなり多様であり,年齢,性別,社会経済的状況その他の要因で変わってくる.赤ちゃんが1歳になるまでと,55〜64歳の間はだいたいこの平均に当てはまり,来年死亡する可能性はおおよそ100分の1となる.

(出典:V. Smil, "Global Catastrophes and Trends",: the next 50 years, MIT Press(2008), p.226)

このような視点からみると,日常的に使われる"受入れ可能なリスク"という言葉は不適切であることも多い.人は選択を行うことで,そこにある何らかのリスクを結果的に受け入れてはいる.しかし,よりリスクの小さい選択肢を望んでいるとしたら,選択したリスクは必ずしも心理的に受け入れられたリスクとはいえない.仮にそのリスクが受容されるとしても,それはベネフィットしだいということである.逆に「このリスクに対してこのベネフィットは受容できる」という言い方もできよう.小さなリスクを拒否しながら,大きなリスクを受け入れることも,得られるベネフィットしだいで矛盾にはならない.さらに,リスクやベネフィットの定義が

人によって異なるのだから，ある人にとって受容できるリスクが別の人には受容できなくても不思議ではない．

結論：どのようにリスクを測定するかは　　　私たちが何に価値をおくのかによる

　リスクは何らかの価値を失う可能性についての概念である．価値が異なれば，"リスク"の定義も異なってくる．そのため，リスクを定義することは価値に焦点をあてた思考の実践といえる．この実践はどのような結果が本当に重要なのかを熟慮することで，そして，過去の決定を検討してそこにある人びとの価値を明らかにすることで，進めることができる．リスクの定義は公の論争となることもあれば，技術的な細部に紛れてしまうこともある．いったん"リスク"が定義されると，その原因が明らかにされ，その大きさが評価されることになる．これらについて第3章で検討しよう．

第3章
リスクを分析する

　リスクが定義され，意思決定者にとって最も価値ある結果は何なのかが示されると，いよいよリスク分析者の出番となる．そして，リスクの大きさがどれくらいで，その原因はどこにあるのかを調べる作業がはじまる．リスク分析は複雑で，幅広い科学と証拠となる事実群から構成されている．しかし，基本的な論理は明快である．リスクの程度について可能な限りの観察と推論を行い，その原因について科学的な知識を用い，すでにわかっている状況からまだわからない状況に当てはめて考えてみる，というものだ．本章では，複雑な分析の背後にそのような論理があることを説明し，単純な計算から統計分析へ，さらにはコンピュータ・シミュレーションへと解説を進める．そして，リスク分析が基礎科学に影響をもたらし，それがHIV（ヒト免疫不全ウイルス）やたばこの強力な作用の解明につながってきたことを示す．単純なものであれ，複雑なものであれ，リスク分析では専門家の判断

がきわめて重大な役割を果たす．リスクが生じるプロセスとそれを抑えるプロセスを明らかにするときや，また，そのプロセス解明のための証拠を取り扱うときに，専門家の判断は重要となる．さらに，最後まで取り除けない不確実性を査定する場合も同様である．本章の最後では，リスク分析のすべての局面にかかわる，専門家の判断の質を判定する研究を紹介する．リスク分析は一種の応用科学，あるいは工学技術として発展していて，あらゆる情報源から有益な知見を求め，それらを意思決定理論によって統合するのである．

犠牲者をカウントする

　私たちの社会は，古代よりコレラを原因とするおそるべき大量の犠牲者を記録してきた．近代になって統計学が発達し，19世紀にヨーロッパを席巻した破滅的でおそろしい疫病の研究が一部，可能になった．コレラには特徴的な症状があり（急激な下痢と脱水症状），すばやく死に至ることから，信頼性の高い死亡記録を作成することができた．誰が病に倒れて死んだのかを記録し，数を数えるだけでよいのである．しかし，数を数えるだけでは，コレラの原因や治療方法についてほとんど何もわからない．たんに数を記録する段階から次の段階に進むには，コレラのリスクを規定する，身体的・社会的なつながりを理解する必要がある．内科医のジョン・スノウ卿は，当時の限られた健康科学の中でさえ，注意深い観察と明敏な判断力があればコレラの原因を特定できることを，彼の有名な分析によって証明している．

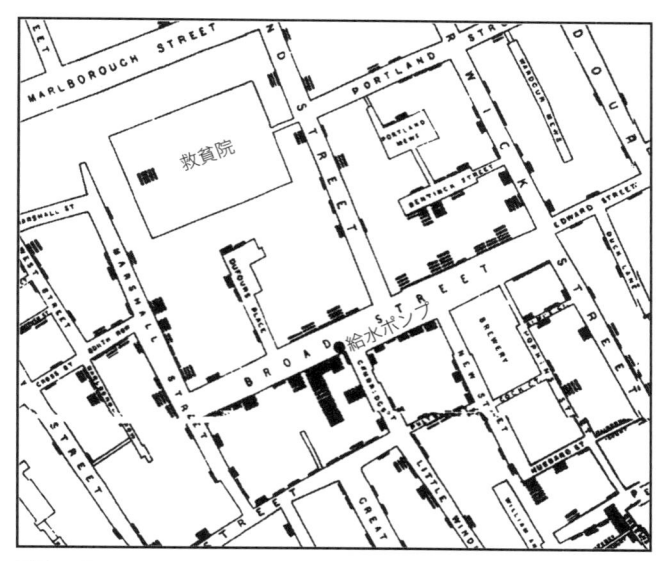

図7 ジョン・スノウ卿が作成した，ソーホー地区におけるコレラ発生地図（1854年）．

1854年のロンドンにおけるコレラ流行のさなか，スノウ卿はソーホー地区におけるコレラ発生を地図に記録し（図7），ブロード街の給水ポンプ周辺に患者が集中していることを見出した．そこで，彼は，コレラは飲み水によって媒介されるのであって，当時信じられていたような"悪い空気"や"瘴気"（古代からの疾病理論）によるものではないと考えた．スノウ卿は自分の仮説を支持する直接の証拠をポンプの水から発見したわけではないが（コレラ菌が発見されたのは1866年になってからである），地域の飲み水を所管する委員会にポンプ・ハンドルの取り替えを訴え続けた．訴えは聞き

第3章 リスクを分析する　　67

> **現代の用語で解説する**
> **ジョン・スノウ卿のコレラ分析**
>
> 　コレラに汚染された水は**リスク源**（あるいはハザード）であり，ポンプは**ばく露集団**への経路の一部を形成している．彼らは**健康影響**を受けており，その**結果**あるいは**帰結**は下痢や脱水症状を含んでいる．その健康影響の出る**確率**と状況の**深刻さ**は細菌の**量**に依存する．一定の細菌量に対する個人の**反応**は身体の大きさや健康，栄養状態，さらに水を煮沸して飲んでいるか，どのように摂取しているか（飲む，食品から，入浴時に）という行動に依存している．細菌**濃度**は飲み水の経路（下水，水道管，テムズ川の潮流）に入り込む排水の**移動**や，汚染の**帰結**に影響するその他の要因（日光，水の化学的状態）に依存している．

入れられ，流行はおさまってきた．流行の終息はスノウの仮説を支持するものであるが，これだけでは決定的証拠とはならない．なぜなら，（歴史的な分析が示すように）たんに流行が自然に終息しただけかもしれないからである．しかし，独自の給水施設を持つ救貧院の収容者や，他所の水を原料とするビールの愛飲者からはコレラ患者が出ておらず，コレラ流行の原因に関するスノウ卿の仮説はそういったほかの論拠からも支持されたのである．

　スノウ卿の研究は，感染源に対するぜい弱な仮説であって

も，思慮深い観察と計数によって何をなしうるか示している．彼の知見は意思決定者が何をなすべきかも示している．それは「疑わしい水の利用を停止せよ」ということである．それ以降，コレラに関する科学的な理解は深まったが，今日でも流行が発生したときにリスク分析者が用いるのはスノウ卿と同じ基本的アプローチである．すなわち，死者数をカウントし，ありうる原因を調べ，その原因の状況を改善し，危険の削減を期待して見守る，というものである．もし，その"リスク管理"が機能したなら問題は解決し，理論は支持されることになる．スノウ卿の仕事はさまざまな情報源からの不確実な知識を統合して分析を進めるという，現代のリスク分析の嚆矢といえる．

量と健康影響との相関分析

スノウ卿が成功した理由の一部は，コレラによる死者数が計測しやすく，原因が比較的単純だったからでもある．心血管疾患（CVD）はより大きな死因であり（表1，p.37），そのリスク分析はずっと難しいものになる．なぜなら，CVDの原因は多様で（喫煙，肥満，ストレス，食事内容，遺伝），しばしばほかの健康問題（糖尿病，がん，肺気腫）ともからみ合うからである．

疫学者はそういったリスクを分析するために統計的手法を用いるが，この方法は何年にもわたる大量のデータを必要とする．CVDの場合，データの主要な母体は，1948年以来，数千人のマサチューセッツの住民の健康や習慣を追跡してき

た「フラミンガム研究」である．この研究が生んだ最初の大きな成果は，心臓病が喫煙や高い血中コレステロール濃度と相関しているが，一方，高血圧は加齢そのもの（ほかのリスク因の影響を取り除いて）とは相関しない，という発見であった．これらの結果はその背後にある因果のしくみを探る研究を刺激し，実際，公衆衛生プログラムによってリスクを低減できるようになったのである．

1948年，米国でのCVDによる死亡率は10万人あたり146人であった．この値は1963年には，戦後の高カロリーの食事と喫煙を伴う生活様式のために220人に増加した．ところが，1996年には，フラミンガム研究の知見を適用し，健康的な生活（たばこを減らし，運動をする）を心がけるようになったことが原因の一部となって，この値は87人にまで減少した．最近の世界規模での肥満の増加は，ストレスや不健康な食事など，ほかの原因の影響を示している．しかし，くり返しの調査の中で，適切な食事と運動を"量"とし，CVD発症を"反応"とする，いわゆる**量-反応関係**そのものには変化はなかった．そして，人びとが食事を減らし運動を増やすという"量"の変化によって，CVDの増加傾向を逆転させたのである．

原因を明確にする

量-反応関係の重要性は500年前，ルネッサンス期の内科医パラケルススが「毒性学の第1法則：すべてのものは毒物

であり，毒物でないものなどはなく，毒性のなさは量だけで決まる」と明言したとき以来，認識されていた．つまり，有益な薬でさえ量が多すぎれば毒になり，毒物や細菌も量が少なければワクチン注射のように防護的な反応を引き出す．そのため，リスク分析がうまく行くかどうかは，量と反応がしっかり測定され，両者間の関係を把握できているかどうかにかかってくる．

すでに 1930 年代には，ドイツの科学者たちは喫煙ががんの原因だという仮説を立てていた．しかし，米国公衆衛生局長官による『喫煙とがんについての報告書（Report on Smoking and Cancer）』が発表されたのは 1964 年になってからであり，米国議会が食品医薬品局にたばこ規制の権限を与えたのはさらにその 45 年後であった．すばやい規制を阻む科学上の高い壁は，相関関係の背後にある因果関係の確定が難しいことである．また，たばこの煙に含まれる多種の化学物質の"効果量"の把握が難しいことも理由である．それら化学物質の吸収とそれがもたらす"結果"には複雑な生理学的プロセスが介在しているからである．

たばこ業界はたばこをがんの原因とする説に強く抗弁してきた．科学の不確かさを強調し，喫煙者の発がん率が高い理由として，肥満や化学物質に囲まれた職場といったほかの原因を主張したのである．また，たばこ業界は寿命が延びたために肺がんが発現しやすくなっただけだとも抗弁した．しかし，測定方法と統計手法の進歩によって徐々にほかの要因の

影響を取り除き，喫煙の影響を独立して確認できるようになってきた．こういった疫学的な分析に加えて，喫煙と健康との関係を結びつける生理学的なメカニズムについての研究（たとえば，どのようにたばこの煙が肺に化学物質を運び入れ，そこで血液に酸素を送り込む肺の機能を通して，悪影響を受けやすい器官に化学物質が運ばれるかの研究）もたばこの影響を示している．たばこには，ベンゼンを含むタールなど，発がん物質が含まれていることは長く知られてきたが，米国政府がそういった化学物質を全面的に公表したのは2010年になってからであった．

複雑なばく露

喫煙リスクは複雑であるとはいっても，リスク源は単一である．対照的に，多くの有機化合物（炭素を含む化学物質，たとえば，化石燃料，プラスチック，農薬）はあちこち存在し，摂取量を測定することが困難で，したがって，それへの反応を測ることも難しい．たとえば，果物を食べたときに吸収される農薬の総量は，その果物の農薬使用量，時間経過による分解，果物がどのように調理されたか，身体がその化学物質をどのように吸収するか，などに依存している．

このような問題で量-反応関係を明らかにするために，大量に摂取している人たちを調べ，そのデータを少量摂取の場合に当てはめて，小さな影響を推定するという方法がある．たとえば有機化合物の影響では，管理設備が不十分な化学工

場で働く高ばく露作業員が調査対象となる．しかしながら，調査ではそれら作業員のほうが，有機化合物に接触していない対照集団の人びとよりも長生きするという結果が見出されることがある．この一見，逆説的な結果は"ヘルシー・ワーカー効果"と考えられる．ヘルシー・ワーカー効果とは，仕事に従事しているということはもともとそれじたい健康であることを示しており，厳しい労働環境でも働けるということは，もとが非常に健康だからという考え方である．そこで，統計手法によって健康の諸条件の影響を取り除いてみると，化学物質を使う労働者は発がん率が高いことがわかった（ヒ素鉱山，製錬所，石油精製施設についての研究では3～8倍）．ただ，体重や喫煙習慣など，ほかの要因がこの高い発がん率の原因になっている可能性はつねに残されてはいる．

喫煙の影響と同様に，生理学的研究は化学物質の影響を直接測定することで，統計分析を補完することができる．そういった研究では，がん感受性が高くなるよう品種改良された動物を使い，厳密に測定された量を動物に与えてその影響を観察する．毒性としては，LD_{50}（テスト動物の50％が死亡する致死量）やNOAEL（毒性影響がみられない最も高い値），そしてMTD（最大耐量．損傷を引き起こすかどうかにかかわらず，死なない最大量）などが測定される．表4は物質によってLD_{50}が大きく異なることを示している．

こうして得られた毒性評価が人間に当てはまるかどうかは不明確な面がある．種によって化学物質を吸収，代謝，排泄

表 4 LD$_{50}$ の例:テスト動物の 50％ が死亡する致死量.

LD$_{50}$(半致死量)の値は,急性の大量ばく露をもたらす事故のリスクに対して,安全基準を設定するさいに用いられる.たとえば,下の推定値では,1.5 mg の塩化水銀(II) によって 1.5 kg の実験用ラットの 50％ が死亡することを示している.LD$_{50}$ は実験動物の種類や,ばく露ルート,その他の人間へのあてはめを複雑にする要因によって変わってくる.特記事項がない場合,下記の推定値はラットの経口摂取での値である.

物質の名称	LD$_{50}$ [mg/kg]
ショ糖(砂糖)	29 700
ビタミン C(アスコルビン酸)	11 900
硫化カドミウム	7080
穀物アルコール(エタノール)	7060
食 塩	3000
パラセタモール(アセトアミノフェン)	1944
テトラヒドロカンナビノール	1270(オス)
(大麻に含まれる向精神物質)	730(メス)
金属ヒ素	763
アスピリン(アセチルサリチル酸)	200
カフェイン	192
酸化カドミウム	72
ニコチン	50
ストリキニーネ	16
三酸化ヒ素	14
塩化水銀(II)	1
アフラトキシン B$_1$(黄色コウジ菌由来)	0.48
インランドタイパン(オーストラリアに生息するヘビ)の毒 *経路:皮下注射	0.025
ダイオキシン	0.02

出典:'Median Lethal Dose', Wikipedia.

するしくみが異なるからである.毒性調査ではたいてい,人間が通常では経験することがない大量の化学物質が投与される.そのため,生体の自然の防御機構が機能不全に陥ることが考えられる.たとえば,ホルムアルデヒドは鼻腔組織を損傷させる強力な刺激物質である.もし,大量の投与によって

鼻腔組織の通常の保護機能が低下してしまったら,そこから推定される少量のホルムアルデヒドの毒性は過大評価されることになる.そもそも,大用量から日常生活での小用量に当てはめて反応を推定するという考え方そのものを疑問視する研究者たちもいる.彼らは,たとえば,地面や宇宙に由来する自然の放射線のような非常に低い線量による損傷に対しては,生体が修復する機能をもつはずだと主張している.さらにやっかいなことに,総量では同じであっても,毎回一定量を投与した場合と,多かったり少なかったりと変動をつけた場合とでは,影響が違ってくることがある.こういった不確実性に対して,規制当局はしばしば平均ばく露量とピークばく露量とに別の安全基準を設定し,動物実験で見出された毒性水準(NOAELやLD_{50}など)に"安全側に寄った"係数(たとえば,100分の1といったような)を掛けて,人への安全量を設定している.

表5はリスク分析者が動物実験の結果を人間の発がんに当てはめる計算手続きを表している.それは,摂取量,体重,その他の前提から個人のがん死の確率を算出するのである.もし,すべての人のリスクが同じなら,予測される死亡者数は,確率とばく露される集団の人数を掛け合わせることで求められる.人によってその物質から影響を受ける感受性が(ばく露量や体重で)異なれば,平均値の選択は集団全体の評価に大きな違いをもたらすことになる.そこで,よく用いられる対処法は平均的な大人を想定する計算と,感受性の高い集団(子どもや高齢者)を想定した計算とを別に行うこと

表5 動物実験データに基づく,飲料水におけるクロロホルムの発がんリスク計算(推定対象は体重70 kgの成人であり,1 Lにつき0.050 mgのクロロホルムが含まれる飲み水を毎日2 L飲むものと仮定して計算を行う).

> **背景**:水の塩素消毒はクロロホルムを残存させる
> **発生源における代表的濃度**:0.050 mg/L(米国における一般的な基準上限値= 0.1 mg/L)
> **1日あたり総ばく露量**:0.1 mg = 0.050 mg/L×2 L/日
> **体重1 kgあたりの1日あたり総ばく露量**:0.1 mg/日÷70 kg =体重1 kgあたり0.0014 mg/日
> **体重1 kg・1日あたりのクロロホルム1 mgの追加発がんリスク**(動物実験データを70年間ヒトが摂取すると想定して):6/1000(0.006)
> **生涯の追加発がんリスク**:0.000 008 = 0.006÷0.0014
> **結論**:70年の生涯を想定した場合,飲料水により100万人のうち8人ががんになると予想される(100万人×0.000 008 = 8人).米国の総人口3億人では2400人と評価される(3億人×0.000 008人= 2400人).

計算元データの出典:J. Rodricks, "Calculated Risks", Cambridge University Press (1992), p.197.

である.もっと完全な解決法としては,体重やばく露量,量-反応関係などの"入力"にバリエーションをもたせ,その出力としてのリスク評価がどれくらい変動するかを検討する感受性分析がある.こういった感受性分析の一般的な結果は「300人以下の死亡となる確率は10%で,5000人以下の死亡となる確率が90%」というふうに,確率分布の評価となる.もし,意思決定者がより高い精度を求めるなら,確率分布を狭めるための綿密な研究(たとえば,10〜90%の確率範囲で1000〜3000人の死亡を予測するような)を指示すればよいということになる.

複雑な経路

　ばく露評価を行うには"経路"を特定しなければならない．コレラを拡散させた水道管，発がん作用のあるたばこ，こういったものの経路は比較的単純である．話が複雑になるのは複数の"発生ポイント"からのばく露が累積されるような場合である．たとえば，二酸化炭素は自動車や火力発電所から排出し，メタンもごみ埋め立て施設や家畜飼育場から発生する．受動喫煙も発生ポイントは複数ある．いっそう複雑なのは，発生源があちこちに拡散している"非ポイント性"のばく露評価である．たとえば，道路の残余石油や，農地の肥料が水域へ入り込む場合がこれに当たる．ある化学物質はまったく排出されていないのにもかかわらず，複雑な化学反応の結果，出現することもある．たとえば，光化学スモッグは，排ガスのような発生源ポイントから排出される窒素酸化物（NO_x）と，森林のような"非ポイント性"の排出物である揮発性有機化合物（VOCs）との相互作用によって生み出される．これらの化学物質は太陽光により合成され，空気中に拡散し，遠くまで移動をすることもめずらしくない．この物質に対する個人のばく露量はどれくらい激しい運動をするかで変わってくるし，反応も，年齢や持病としてぜんそくがあるかどうかなどで違ってくるのである．

　自然環境には複雑な経路があり，それは人間の社会的環境と深くからみ合っている．たとえば，マラリアのリスクは生

第3章　リスクを分析する　　77

物学的特性（蚊の種類，繁殖地域，天候，時間帯）と人間の行動（蚊帳，抗マラリア薬，医療）の両方で決まる．虫はマラリアの媒介生物だが，人間も HIV の媒介生物であり，体液（血液，精液）が経路となる．HIV のリスクもまた生物学的特性（ウイルス株の流行や毒性）と行動（性行為，注射を使った薬物の常用，パートナー告知，注射針交換プログラム，医療）に依存する．新型インフルエンザのパンデミック（H1N1‐豚インフルエンザ，H5N1‐鳥インフルエンザ）のリスクも同様であり，予測できない突然変異とともに，ワクチン接種を信頼できるかとか，隔離方針に従うかといった行動面がかかわってくる．

　こういったリスクを分析する場合は，コンピュータシミュレーションを行って，起こりうるさまざまなシナリオごとに検討することになる．それぞれのシナリオでは生物学的特性（たとえば，当該病気の伝染しやすさ，死亡率の高さ）や行動（たとえば，人びとがどれくらい移動するか，衛生状態）についていくつかパターンを設定し，シミュレーションを行う．気候変動モデルも同様の論理に従っている．このシミュレーションでは，大陸，海洋，大気を三つの次元に沿って分解し，別々の仮定（たとえば，二酸化炭素排出量，浮遊粒子状物質について）を設定したシナリオごとに，物理学に基づいた公式群を使って気候（気温，降水量）の変動を計算するのである．分析結果は表 3（p.60）のような，将来の気候の確率分布として表現される．こういった分析では全体的なリスクを評価するとともに，たとえば，疫病の流行を遅らせる

方法のような，介入のタイミングや方法を決めるヒントを示せることもある．

事　故

　人の行動はたいていのリスクに影響する．汚染物質をどう使ってしまうのか，ワクチン接種がいつ実施されるのか，蚊帳が誰に与えられるのか，こういった問題は人間の行動の結果として決まる．人間行動の役割の大きさは事故のリスクを考えるとき，より鮮明に現れる．リスク分析者にとっては人間の行動もほかの問題と同じように扱える．すなわち，数を数えて問題の所在を明らかにし，関係があると科学的に認められるものはすべて利用して，相関関係，原因，改善法をつきとめるのである．たとえば，米国の統計データでは転倒によって死亡する人のうち3分の2は75歳以上の高齢者であり，水死者の半分は4歳以下の子どもである．そういったパターンが観察されると，原因分析がスタートする．分析の結果，高齢者は自宅の見知っていたはずのハザード（段差や家具などの障害）をうまく通り抜けられなくなっていることや，骨粗鬆症が転倒のリスクを高めていること，そして，そういった事実に気づきにくい傾向があり，それが転倒を増やし，回復を遅らせていることが明らかになる．また，親はプールサイドで子どもを監視しているときに，自分たちが話し込んで目を離してしまいがちで，小さな子どもはうろつき回ってすぐに視界から離れてしまうことを意識していないことも明らかになる．

ほかの問題と同じように，リスクをもたらす原因を知ることは，その削減法を教えてくれる．リスク削減の取り組みがうまくいくかどうかは実務的な問題でもある．たとえば，警告や注意は明快な事故防止法である．しかし，調べてみるとそれが有効なのは，人びとが自ら警告を求めているか，それに注意を向けているときに限られることがわかる．安全対策の有効性評価はリスク分析と同じ手順を踏むもので，直接の観察と科学的知見を組み合わせて行われる．たとえば，段差の照明を改善することの有効性は，高齢者が居住する現場での調査結果と，加齢に伴って視覚や身体バランスがどのように低下するかの基礎研究の両方を組み合わせて評価する．運転中の携帯電話使用を禁止することの有効性も，フィールド実験という直接観察と，注意分散に関する脳機能イメージング研究という基礎研究とによって評価できる．

　研究の結果，避けようがなかったリスク状況が明らかにされることがある．たとえば，囲いのないプール，見えにくい横断歩道，1段下がった居間などである．実際，研究者は"事故"や"操作者エラー"という言葉を好まない．それらは，理不尽ともいえる多大な注意を払わないかぎり避けられない状況で起こった事故の不幸な犠牲者に対して，非難の目を向けさせてしまうからである．そういった"操作者"は石油採掘基地の労働者であったり，自宅で複雑な医療器具相手に格闘している患者であったり，長時間労働を強いられたトラック運転者だったりする．お粗末なシステムや，指示の不適切な状態では，事故が起こるのを待っているようなもので

ある．そして事故が起こると，被害者に負傷だけでなく非難や侮辱までも与えることになるのである．

　複雑な技術を対象とする場合，直接の観察や理論的分析が可能なように，対象を小さな要素に分解し，各要素のリスクを分析する．分析者は，今度は分解した要素を組み上げ，システム全体として技術を理解するのである．たとえば，航空安全の場合だと，航行方法，燃料，通信などさまざまな要素に分け，その後で要素間の相互関係を検討する．分析者は"冗長性"を求めるが，これは一つのエンジンが壊れたり，パイロットが操作不能となったりした場合でも飛行が継続できるよう，ある要素が機能不全に陥ってもほかの要素でカバーできる状態が重要だからである．観察データの質を高めるため，航空当局は正直な報告を奨励するしくみを導入することがある．たとえば，他者に先んじて自らのミスを報告したパイロットは処分しないようにし，過去の問題に対して罰を与えるよりも将来の事故を防ぐことを優先させる．後になってから，問題は回避できたはずと実際以上に考える"後知恵バイアス"を防ぐため，航空安全の分析者はフライトレコーダーを利用する．そこには，墜落直前の搭乗員の混乱が記録されていることがある．記録に基づいて，航空安全のリスク分析者は入念に事故を再構成するが，その結果，驚くべき事実が発見されることがある．たとえば，乗務員が故障警報ランプに注意を奪われるあまり，"飛行機を飛ばす"ことを忘れていたり，副操縦士が操縦士の威信をおそれるあまり，差し迫る危機を警告できなかったり（テネリフェ島の滑走路に

第3章　リスクを分析する　　81

おけるジャンボ機衝突事件)，という事例である．また，より多くのサンプルデータを得るため，リスク分析者は事故になりかけたケースも調査する．それによって事故を防いだ行為と，事故をまねいたかもしれない行為の両方を調べられるからである．航空業界の安全記録の扱い方は優れており，問題を探し，見つかった問題に積極的に対処する姿勢がある．コラムにはほかの業界における，そうではなかった不幸な例を紹介している．

パイパー・アルファ火災事故

1988年，可燃性蒸気放出により北海パイパー・アルファ石油掘削基地で火災が発生した．この事故により165名の作業員と2名の救急隊員が犠牲となり，施設は何十億ポンドもの損害をこうむった．最初に責任を問われたのは，的確な指示を出さないまま現場から去った基地の管理者（後に死亡）であった．しかしその後の調査により，避けられない問題にうまく対処するための，複雑な技術をそなえる重層防護システムが，劣悪な管理業務により機能していなかったことが判明した．そして，この災害は社会学者チャールズ・ペローがいうところの（起こるべくして起こった）"正常な事故（normal accident）"であることが明らかになった．たとえば，表面的には冗長性があるように見えた安全システムが，すべて同一の電源に依存していたため，じつは冗長性がなく，一斉に機能不全に陥る共通モード故障が発生してしまった．二つ目の管理業務の欠陥は，夜間シフト労働者が2，3の蒸気ポンプを修理のために取り除いてし

事故のリスク分析ではステップ・バイ・ステップのシナリオをつくり，いかにして危険な事象の連鎖が起こってしまったのかを検討する．分析者は各ステップの発生確率を査定し，それらをまとめ上げてシナリオ全体の事故発生確率を求める．たとえば，家屋火災のシナリオには，グリル・チーズサンドをつくるためオーブンを使う，オーブンの火力を"強"にする，誰かに呼び出されその場を離れる，火災報知機の電池が切れている，可燃物が近くにある，消火器がな

まったことを，昼間シフト労働者に引き継がなかったことである．このため，安全弁が働かないポンプが知らぬ間に使われてしまい，蒸気の放出と火災を引き起こしたのである．三つ目は通常の作業員が一時的に抜ける場合，未熟な作業員が交代要員として使われていたことである．四つ目は，オペレーター（運転員）に対する十分な訓練・教育ができていなかったことである．海中ポンプに潜水作業員が吸い込まれないよう，自動消火システムを遮断する操作がオペレーターに理解されていなかった．適切に管理された技術であれば，個人レベルの問題がシステム全体の制御不能につながらないように"深層防御"があったはずである．実際，近隣のノルウェーでは同じ技術を使いながらより高い安全実績を達成しており，そのような管理は可能であることが証明されているのである．

（出典：M. Elisabeth Paté-Cornell, *Risk Anal.*, **13**(2), 215(1993); C. Perrow, "Normal Accidents: Living with High-Risk Technologies", Princeton University Press (1999)）

い，などの要素が含まれる．それぞれのステップには事故への連鎖を止めるチャンスがある（たとえば，オーブントースターは使わない，火災報知器を定期的にチェックするなど）．各ステップが独立した事象であれば，全体の発生確率は各要

2008年の金融危機

2008年の金融危機は，金融業界の管理業務が，複雑な金融市場が制御不可能に陥らないための多重冗長安全システムを徐々に侵食して生じた，"正常な事故"といえよう．当時の業界の管理業務が，多くのローン（貸付債権）を組み合わせた**債務担保証券（CDO）**が保証限度を超えて急増することを許してしまった．精緻な金融分析では，債務担保証券は魅力的で予想可能なリスクと報酬が見込まれていた．しかし，そうした見込みは，債務担保証券がかなり少なく，相対的に安全なローンから証券化を行い，もととなる資産価値を吊り上げるような不動産バブルはない，といった前提のもとでの話であった．しかし，債務担保証券の魅力が高いために債務担保証券の数が増加し，さらに安全ではないローンまで組み込んで利益を出すという誘惑にかられ，前提が崩れてしまった．ここでいう安全ではないローンとは，無節操な貸し手が，"サブプライム"という形式で返済見込みの薄い個人に貸し付けたローンをさしている．

続いて起こった金融崩壊は，金融市場における別の欠陥を明らかにした．債務担保証券を評価する信用格付け機関は，債務担保証券を発行する会社から資金が提供されていて，それが安

素（ステップ）の発生確率の積で求められる．しかし，火災報知器の電池を切らしているような人は消火器も準備せず，注意が散漫になりがち，というふうに，要素間には相関があるものである．

全性を過大評価するための誘因となっていたのだ．規制廃止に好意的な環境のもとでは，政府機関はこの事態に介入する権限をほとんど持たなかった．多くの銀行や投資家と同じく，政府機関も複雑な投資形態を理解しようと頑張った．しかし，サブプライム・ローンの利用者の中でも，最も返済見込みの薄い人びとが債務不履行に陥り出すと，なだれをうって連鎖反応が生じた．その結果，債務担保証券の市場崩壊をまねき，貸し手はパニックに陥り，金利が上昇，住宅価格は下落し，そのためさらに多くの人びとが債務不履行となったのである．

　金融市場を頑健にする方策として，投資方法の複雑性を軽減し（そうすることで評価がしやすくなる），融資と貯蓄運用とを分け（保守的な投資がリスクの高いものにとって代わられないようにするため），借入れ資本を利用した投資を制限し（バブルを起こりにくくするため），公的基金が格付け機関に資金を投入し（格付け機関の独立性を担保するため），投資をもっと透明にして（市場をより効果的に作用させるため），規制機関の力を強める（いち早く問題に対応するため）といったことを提案できる．こうした提案の一つひとつずつでは将来の金融崩壊を阻止できないが，これらを総合的に実施していくことで，将来の金融市場で"正常な事故"が起こる可能性をずっと下げることができる．

特定のシナリオがそのとおりに発生する確率はたいてい低く，それゆえ，心配する人はあまりいない．しかし，だからといって無視してよいということにはならない．もし，多くのシナリオに共通する要素があるなら，それは一般的なリスク要因であり，抑える方法を分析すべきである．火災報知器の機能不全や不注意はそういったリスク要因である．「料理中に気をそらさないようにする」というのはコストがかからない対処法だが実際には難しい．「火災報知器を機能させる」は実行可能で，かつ，火災リスクをそこそこ低減できる方法である（ただ，燃えるトーストには有効だが，配線の接触不良には効かない）．単独の対処法でリスクを取り除けない場合，冗長な対策が必要になる．たとえば，火災報知器と消火器の両方をそなえ，さらに，家族の安全上の思い違いを丁寧に指摘することがそれに当たる．ただし，親が子どもに口やかましく言い続けることや，病院で手術手順のチェックリストを使うこと，工場の作業員が安全上の問題を報告できるようにすること，こういった取り組みは実際には根気のいることである．

熟練した専門家の判断

　リスク分析は，直面する問題の中の重要な少数の要素を把握し，それ以外の多くの要素を無視する抽象化といえる．これがうまく行くと，複雑な問題に隠れていた要素を明らかにできる．たとえば，シミュレーションによって，注射針交換プログラムがどれだけ静脈注射型薬剤の使用者の HIV 感染

リスクを削減できるか，廉価な蚊帳がどれだけマラリアのリスクを削減できるか，あるいは潜伏期間の長いインフルエンザが流行りだしてから休校措置をとってもいかに流行のリスクを下げられないかがわかる（症候のみられない子ども間ですでに感染しているので）．

　こういったリスク分析の各局面において判断が必要となる．たとえば，インフルエンザのパンデミック・リスクでは，リスク要因を抽出するとき（感染力の強さ），ばく露状況を検討するとき（学校での相互作用），観察の正確さを評価するとき（感染を報告する動機について），基礎研究の知見を現場へ適用するとき（休校措置の効果），仮定を単純化して使うとき（日々の変動ではなく月単位の観察を用いる），といった各局面で判断が必要になる．判断というものは，不完全で不確実なデータを一般知識によって解釈する作業であり，この点は専門家であっても同じなのである．

　したがって，リスク分析の結果を利用する意思決定者は，分析の背後にある判断がどこまで信頼できるものか知っておく必要がある．そのためには，専門家の判断を事実に照らして評価するほかはなく，これによって，専門家がどれだけの知識をもち，どれくらい適切に自身の知識の限界を認識できているか，を評価できる．図8はそのような評価の一例である．この図では，2000年現在における米国の実際のエネルギー消費量（図下部の灰色線）と，それについて1960年から1980年の間にいくつかの専門家グループが行った予想消

費量を比較することができる．各グループは消費量を過大に予想しており，中には大幅に外れた予想も見受けられる．後知恵で見ると，専門家が予想を外した大きな理由は，1970年代のオイルショックがその後のエネルギー利用効率を向上させ，消費量を減少させることを予測できなかったことにある．たいていの分析者では単一の最有力予想値（黒い点）だけが示されていて，予測の幅がどうであったのかは検討できない．三つの分析のみがそのような幅を提示していたが（縦

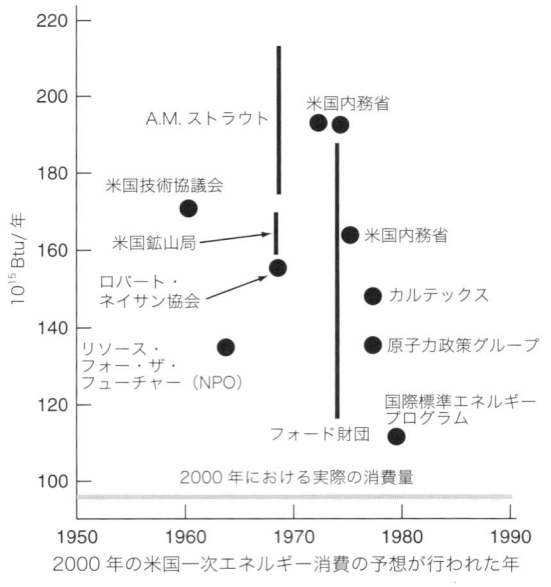

図8　米国の一次エネルギー消費量の予想．
　　　Btu（British thermal unit：英熱量）＝ 1055.06 J．

線),2000年における現実の値は予想幅の外にあり,専門家予想は消費量について過大予想だったうえに,自信過剰であったことがわかる(なぜなら,彼らは現実の値をありえないものとしていたのだから).

図9と図10も専門家による別の2種類の判断であり,その後の結果から判断の正確さを評価できるような回答形式になっている.図9は鳥インフルエンザ(H5N1)が,2005年11月以降の3年以内にヒトどうしで感染するようになる確率の判断を示している.図中の「医療専門家」は,公衆衛生における指導者クラスの専門家である.「非医療専門家」はほかの分野の専門家であるが,多くは通信技術分野の指導者クラスの専門家であり,彼らはパンデミックが起きても社会

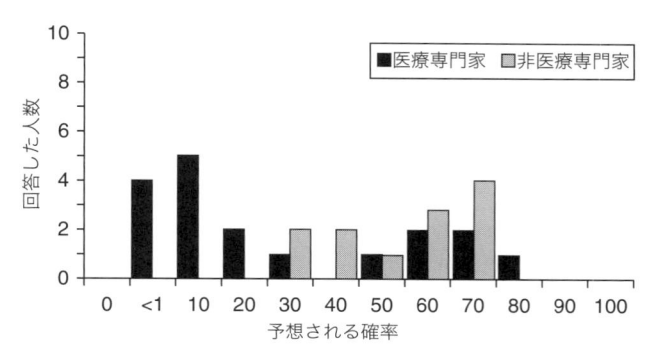

図9 向こう3年以内に鳥インフルエンザウイルス(H5N1)のヒト-ヒト感染(少なくとも人間の2疫学世代でウイルスが伝わること)が起こる確率についての医療専門家(黒色部分)および非医療専門家(灰色部分)の判断.データは2005年10月に収集.判断の中央値は,医療専門家:15%,非医療専門家:60%.

第3章 リスクを分析する

を機能させるために重要な役割を果たす人たちである．医療専門家の判断は分かれていた．多くは10％周辺の低い確率と見ており，少数が70％程度の高い確率と見ていた．非医療専門家の多くは高い確率を回答しており，これはおそらく当時のマスコミの論調から影響を受けているのだろう．実際にはヒト-ヒト感染によるパンデミックは起こらなかったので，医療専門家の低めの確率判断は比較的正確だったといえるし，一方，非医療専門家の高い確率判断は心配性だったと言える．

　しかし，その事態が起こらなかったからといって，高い確率判断が誤りであるという証明にはならない．70％の生起確率ということは，**起こらない**確率が30％あることを意味している．より正確に専門家の判断能力を評価するには，一貫した方法で示された複数の予測を対象にする必要がある．天気予報の降水確率予想はそういった条件を満たしている．評価結果を見ると，天気予報が70％の降水確率と予測した場合，だいたい70％の頻度で実際に雨が降っており，彼らはたいへん"精度の高い"判断主体であることが証明されている．天気予報が成功した一つ目の秘訣は，彼らは雨が降ったかどうかという，大量の，迅速で，明確なフィードバックを得ることができ，それが信頼性向上に貢献するからである．二つ目の秘訣は，公正無私であることで報酬が得られ，人びとが傘をもたずに濡れてしまわないようにと降水確率を高めに公表する"アンブレラ・バイアス"を避けることで報酬が得られるようになっているからである．

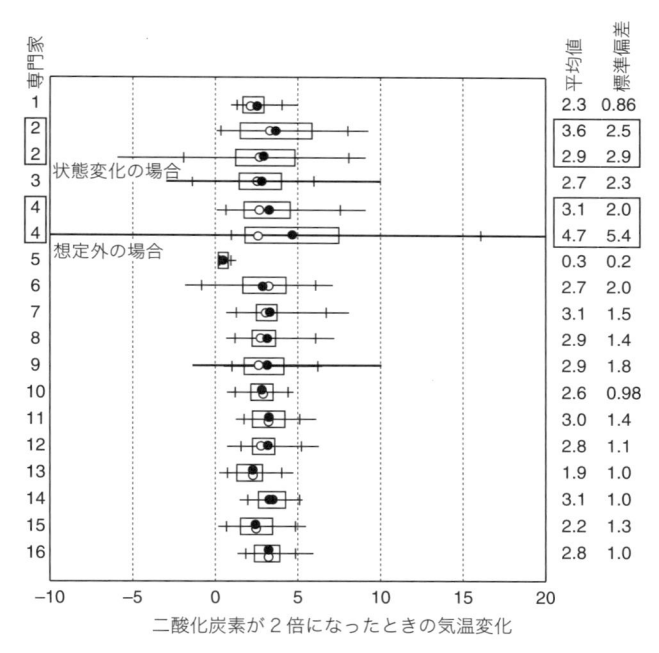

図10 大気中の二酸化炭素濃度が2倍になった場合に世界的平均気温が変動する確率についての気象専門家による判断.

しかし，たいていの専門家はそういったしっかりしたフィードバックを受けることはない．心理学者のフィリップ・テトロックは長年にわたって専門家にさまざまな政治的できごとの生起確率を推定させてきた．実際に起こったことに照らし合わせて見出された結論は，専門家は一貫して自信過剰だということである．不確実なできごとを予測するのだからある程度のはずれはしかたがない．しかし，自信過剰であることは避けられるはずである．もし，専門家が自らの判断力の

限界を把握していたなら，70％の自信があるといった場合，70％の頻度で当たるはずである．専門家は，自分の判断を記録し正誤を自らにフィードバックすることで確率判断を評価し，改善しうる状況にある．しかし，実際にそうする者はほとんどいないことをテトロックは示したのである．

　専門家が自分の判断を明示的，かつ，一貫した方法で表明しないかぎり，専門家内部の見解がどれくらい一致しているのかはわからない．図10は，「大気中の二酸化炭素が2倍になるとしたら，平均気温の変化はどれくらいだと思うか」という設問に対する，16人の専門家の判断を示している．各人の小さな縦線は回答された90％**信頼区間**を示しており，実際の値が左端よりも低い確率が5％，右端よりも高い確率が5％，という判断を意味している．箱は50％の信頼区間（この区間以上になる確率が25％，それ以下になる確率も25％）を示している．点は2種類の"最有力予想"を示している．予測の幅を示す線や箱の長さが短いということは予測に自信があることである．最も自信を持っている専門家（5番）は"気候変動懐疑派"であることを公言しており，気温上昇はほんのわずかという判断である．2人の専門家（2番，4番）は2種類の予測をしており，メキシコ湾流の衰退といった"想定不能事態"あるいは"状態変化"があるかどうかで予測を変えている．たいていの専門家の最有力予想は＋2℃上昇の周辺である．寒冷化を予測する専門家はいなかった．これらの判断の正確さは，もし本当に二酸化炭素濃度が2倍になれば，評価することができるだろう．

では，意思決定しなければならない今日の時点において，これらの判断をどう見るべきか．もし専門家もほかの人びとと同じなら（第5章），彼らの信頼区間は短すぎ，自信過剰といえるだろう．もし，専門家が，天気予報がそうであるように体系化されたフィードバックを受けられれば，自信は適切なレベルに落ち着くかもしれない．また，科学的な対話によって意見交換し，厳しい批判にさらされることがあれば，自信過剰は改善するかもしれない．一方，リスク分析には幅広い考え方が必要なのに，自分の専門領域に比重をおきすぎると，専門家はいっそう自信過剰になるかもしれない．どんなコミュニティ内にも（科学者であれほかのグループであれ）人による見解の違いはあるが，その一方で，コミュニティ内には暗黙の，たいていは検証されることのない，世界のありように関する前提が共有されているものである．たとえば，工学的なリスク分析では人間行動が無視されやすい．それは，人間行動は数量化するのが困難であり，さらに，人間行動を扱う社会科学は信頼できず，重要な証拠を提供できない，と決めつけてのことである．そういった分析は往々にして心理学的リスク要因，組織論的リスク要因を見過ごしてしまう．しかし，そのような要因は，次のコラムの事例に示されるように，じつはきわめて重要なのである．

結論：リスク分析はさまざまなソースからの知識を統合する

　リスク分析者は価値ある結果を脅かすリスクを査定するた

原子力リスクについての分析

　1974年の原子炉安全性研究（WASH-1400）は複雑さで名高い技術——原子力発電所——のリスクを分析する画期的な試みであり，物理学者のノーマン・ラスムッセンが代表者であった．この研究成果発表後に論争が起こり，米国物理学会がヘラルド・ルイスを代表に据え，同研究に対する独立した評価を行うこととなった．その結果，研究には原子力業界への批判者が言い張っていたような体系的な偏りは見られなかった．しかし，原子力技術の性質とデータの制約を考慮した場合，研究の結論はあまりに自信過剰であることが見出された．

　同研究は，原子力技術は十分に安全といえるのかという政治的な質問に答えようと，この技術全体のリスクの大きさを量的に示そうとしていた．そのため，異例なまでに多くの専門家たちに判断を求めなければならなかった．なかには工学的な問題に対する，たとえば特種な設計問題にどう対処すべきかという細かなテーマまで含まれていた．相対リスクの査定は絶対リスクの査定をするのに比べてずっと容易であった．ところが，原発事故が起こり，分析の結論が「低リスク」だったという産業

め，多様な情報源から知識をかき集め，それらを統合する．最も初歩的な分析は数を数えることであり，たとえば，転倒者や水死者，コレラ罹患者の計数などがあげられる．計数の結果を解釈するには，リスクの原因についてあれこれ考えをめぐらせる必要があり，その対象としてはリスク源，経路，ばく露，ばく露集団の性質などが含まれる．それらの要因間

界にとっての幸運は，当初の分析では対象とされなかったあるリスク要因のために，差しもどしとなった．そのリスク要因とはスリーマイル島やチェルノブイリの事故を引き起こした人間行動であった．それまでも"操作員エラー"や操作設計の欠点，管理業務の質の低さ，といった人間行動や組織のリスクを数量化する試みは行われていたものの，産業界の初期の対応は操作員の訓練と原子炉の操作性改善だけだった．

リスク分析の不確実性を明示することは必要だが，意思決定者がリスク分析をどの程度信頼すべきかを知るためには，それだけでは不十分である．意思決定者は分析システム信頼性の査定において，どれくらい分析のずれを調整できているのか知る必要がある．言い換えると，専門家が，自分の理解度をどれくらいうまく伝えられるか，ということである．実証的な評価研究では，専門家の自信過剰傾向が明らかにされており，リスク分析の専門家はより広い幅をもって判断を示すべきといえる．哲学者のジェローム・ラベッツとシルビオ・フントウィッツは，専門家が自分の専門領域の成熟性（あるいは"出自"）を開示することを勧め，その科学の質の高さや論拠の基準を公表すべきとしている．

の因果関係を明確にするために，疫学的統計手法，実験による量-反応毒性研究，起こりうる将来の事態についてのシナリオシミュレーションなどが行われる．こういった方法によって，リスクが発生し，経路をたどり，価値ある結果に影響を及ぼすに至るまでの様子を把握できる．リスク分析は取り除けない不確実性を確率として表現して，分析結果を示す

ことが多い．どのような方法が使われようとも，そこには判断という主体者の実務行為が含まれる．それぞれの方法の実務的な価値は，リスク分析者が問題の重要な要素を理解し，それらについての情報を集め，統合し，さらに，分析結果がどれくらい信頼できるのかを査定するまでの一連の作業の遂行能力で決まる．リスク分析者の仕事が優れたものであれば，リスクについて意思決定する主体者に，より上質な判断材料を提供できる．このトピックについて第4章で論じる．

第4章
リスクについての意思決定を実行する

　あるリスクについての意思決定はとても簡単で，決定していることを意識することすらほとんどない（どれくらいのスピードで運転するか，家の窓に鍵を掛けるかどうかなど）．その一方で，考えたくないと思うほどの難しい決定もある（学校のいじめをどう扱うか，自宅をバリアフリーに改築するかどうか）．いずれの場合においても，意思決定とは，リスクについての見通しを適用して（第3章），価値ある結果を追求する（第2章）作業なのである．

　意思決定研究では，どのように決定すべきかという抽象的なルールと，実際にどのように決定がなされているかを調べる行動科学とを対比させつつ，決定のプロセスを検討する．もし実際の決定がルールに従っていなければ，意思決定者を援助するか，あるいは，ルールのほうを修正しなければならない．本章では，この理論と実際との相互作用をとりあげ，

さまざまな選択に光を当てる．まずは単純な意思決定からはじめ，徐々に複雑な意思決定について見ていこう．

単純な決定ルール

　直面する各選択肢が単独の次元，たとえば，金銭，休暇，湿原保全というような特定の価値次元において，確実に定まった量の価値をもたらすなら，選択はきわめて容易である．決定ルールは当然，論理的に「望む価値を最も多く実現する選択肢を選べ」となる．特定の価値次元に即して選択肢が順にならべられているなら，オンラインショッピングで最も安い商品を選ぶように，誰にでも簡単に最善の選択ができるだろう．もし，それに苦労するようなら，意思決定の能力以前に，読み書きや計算能力の問題ということになる．ただし，順にならんだリストがない場合は，この単純なルールでも選択は結構難しいものとなる．行きつけのスーパーでさえ，棚にならぶたくさんの商品から最も安い石けんやモッツァレラチーズ，タオルを見つけるのは骨が折れる．

　決定ルールと人間の行動は，結果が不確実だとやや複雑になる．そこでは各選択肢は，ある確率で，ある量の価値ある結果をもたらすというかたちをとる．たとえば，あるくじは10％の確率で2000円が当たり，別のくじは25％の確率で1000円が当たる．ある緊急救助計画では10％の確率で20人が助かり，別の計画だと25％の確率で10人が助かると表現される．

そのような場合，意思決定理論は**期待値**による決定ルールを勧める．それは，まず，各選択肢の確率と結果を掛け合わせ，次に，最も積（あるいは"期待値"）の大きな選択肢を選ぶ，というものである．最初に例示したくじの期待値は200円（＝10％×2000円），二つ目のくじは250円（＝25％×1000円）となる．最初の救助計画の期待値は2名救助，2番目の期待値は2.5名救助となる．もちろん二つ目の計画が2.5人という人数を実際に救うのではなく，これはあくまで，0人救助と10人救助という，あり得る二つの結果の平均であり，確率で重みづけした値である．期待値で順にならべたリストがあれば（表1（p.37）のような），この決定ルールも簡単に活用できる．人の命を救う情熱に燃えた医学生は，「最も期待死亡者数の大きなリスクに取り組みたい．それならリスト最上段の心血管疾患だ」と自分の専門を決定するかもしれない．しかし，たいていの人にとっては，かなり単純な選択肢でさえ，期待値を暗算するのは難しい．たとえば，20％の確率で2000円あたり，50％の確率で1000円，30％の確率で0円となるくじの期待値は，（0.20 × 2000）＋（0.50 × 1000）＋（0.30 × 0）＝ 900円となる．算数の得意な人であっても，正しく計算を組み立てられているかどうか心もとなく感じ，暗算の答えに自身の生活や全財産を賭けようと思わないだろう．しかし，組み立てさえうまく行けば，期待値は一種の魔法のように，確率と価値を統合して一つの数字——たとえば，期待費用，期待生命，期待ゴール数，あるいはほかのどんな価値ある結果についても——を導き出せる．

もし，すべての選択肢のコストが同じであれば，期待値だけを基準に選択すればよい．くじの値段が全部200円なら，あるいは，どの救助活動でも生命の危機にさらされる隊員の人数が同じなら，期待値で選べばよい．しかし，もしコストが異なるなら，論理的な決定ルールは，「単位あたり最もコストの小さな選択肢を選べ」となる．食料品でいうと，「1gあたり最も安い商品を買え」ということである．生命保険の言い回しでは「保険料1円あたり最も死の利益が大きくなる保険を選べ」ということになる．もし，こうした数値が事前に用意されているなら**単位コストルール**の利用はやはり容易である．

　こういった考え方のもと，政策決定者は健康プログラムや安全プログラムを期待救助生命あたりのコストによって査定し，表6のようなかたちで評価に用いることがある．こうした評価が字義的に受けとめられると（実際，物議を醸してもいるのだが），単位コストルールというのはある意味，あからさまな"お買い得商品狙い"ということになる．もし，政策決定者が自由に使い途を決められるなら，上位六つの選択肢は期待生命一つを救うためのコストがたいへん低いので魅力的である．もし，政策決定者がベンゼンの排出規制を一つの業界だけで実施するなら，それはゴム・タイヤ業界とすべきで，ガソリンスタンドは対象にしないほうがよい．もし，意思決定者が大腸がんの検査プログラムを一つだけ設定するなら，それは大腸内視鏡検査とすべきで，検便に潜血反応検査を追加することはない．集中治療に向けられる資金に制約

表 6 生命救助 1 人に要するコストの推定額(米国のデータ).

飲み水の塩素消毒	3100 ドル	(約 31 万円)
女性,乳児,小児に向けた栄養補助プログラム	3400 ドル	(約 34 万円)
オートバイのヘルメット着用を義務づける法制度	2000 ドル	(約 20 万円)
幹線道路や州間高速道での法定速度(時速約 90 km 制限)	6600 ドル	(約 66 万円)
献血された血液の HIV 検査	14 000 ドル	(約 140 万円)
エイズ患者に対して行われる AZT(抗エイズ薬)療法	26 000 ドル	(約 260 万円)
ゴム・タイヤ産業におけるベンゼンばく露基準を(10 ppm ではなく)1 ppm にする	76 000 ドル	(約 760 万円)
ガソリンスタンド貯蔵タンクのベンゼン排出規制	91 000 000 ドル	(約 91 億円)
40 歳以上の人びとに対する大腸がん腸内視鏡検査の実施	90 000 ドル	(約 900 万円)
40 歳以上の人びとに対し,大腸がん検査として 6 回(5 回ではなく)の潜血反応検査	26 000 000 ドル	(約 26 億円)
急性呼吸不全に対する(人工呼吸を含む)集中治療の実施	4700 ドル	(約 47 万円)
多発外傷に対する集中治療を実施	26 000 ドル	(約 260 万円)
大血管手術を受けている重症患者への集中治療の実施	850 000 ドル	(約 8500 万円)

出典:T. Tengs, *et al.*,: *Risk Anal.*, **15**(3), 369 (1995) を改変.

があるなら,急性呼吸不全の患者に向けたほうが,大血管手術で重篤になった患者に向けるよりも,多くの期待生命救助となる.政策決定者がそのような分析に基づいて決定を進められるかどうかは,資源の使い途が変更できるかどうか,つまり,資金を高値買い(地下タンクのベンゼン規制)からお買い得商品狙い(補助栄養プログラム)に移すことができるかどうかしだいである.

効 用

　期待値の計算では，価値ある結果（金銭，生命，湿原保全）の1単位は，つねに同じ価値があるとされる．しかし，ある状態での1単位はほかの状態でよりも大きな価値を感じさせる．同じ100円でも，金持ちよりも貧乏な人にとって，また，料金が大きい（100 000円 vs 100 100円）ときよりも小さいとき（100円 vs 200円），大きく響く．**効用**とは，ある財のある量の価値の大きさのことである．効用についての決定では，（金額そのもののような）値についての決定と同じルールを適用できる．「確実な結果に関しては最も効用が大きな選択肢を選べ」「不確実な結果に関しては最も期待効用が高い選択肢を選べ」というものである．期待効用は数学的には確率と主観価値（効用）を掛け合わせて算出される．

　主観的な効用と客観的な価値とを区別したのは，ダニエル・ベルヌーイ（1700〜82）による天才的な解決案であった．彼は，これによって，一見筋の通った人が，なぜ賭博に手を出しつつ保険に入るのかという謎を解明しようとした．ベルヌーイは，大きな損失はあまりに痛手が大きく，（マイナスの）効用が突出して大きくなると考えた．その結果，人はリスク回避的になり，起こりうる損失の期待値（10 000 000円 × 0.1% = 10 000円）よりも大きな保険料（15 000円）を喜んで払うと考えた．逆に，賭けの賞金の価値は大きく評価されるのでリスク志向となり，賭けの期待値

（1％ × 50 000 円 = 500 円）よりも，賭け金のほうが高いのに（1000 円）喜んで支払おうとするのである．

ベルヌーイの考えを基盤として，現代の理論家たち，たとえば，フランク・ラムゼイ，ジョン・フォン・ノイマン，オスカー・モルゲンシュテルン，レオナード・サベージはすばらしい理論的発展を成しとげた．それは，「単純な確率つき選択肢の中から一つを選ぶ場合，人の選好がいくつかの前提を満たすなら，いかに複雑な選択状況であっても，人は期待効用が最大の選択肢を選ぶ」という効用理論である．その前提の一つ目は**比較可能性**であり，二つの選択肢があれば比較して，「AよりBがよい」「BよりAがよい」あるいは，「両者に差はない」という判断が可能ということである．二つ目の前提は**推移性**であり，もし，AがBより好ましく，BがCより好ましければ，AはCより好ましいということである．三つ目の前提は，どの確率つき選択肢にも**確実性等価**があるということである．これは，確実な利得金額（あるいは損失金額）も，確率と掛け合わされて算出された金額も，値が同じなら同じ大きさに評価されるということである．この理論はさらに，人の判断が一貫してこれらの前提を逸脱するとしたら，確実に損をする賭けというものも世の中には存在しうることを示唆する．実際，金融やリスクの裁定取引においてそういった賭けが生み出されているのである．

ある学者たち，とくに経済学者たちにとって，これら前提となるルール（**選択の公理**という）はたいへん魅力的で，人

びとがそれに従うことを"合理的"とみなしてきた．しかし，別の学者たちはこの公理に基づいて合理性を定義することを疑問視した．なぜなら，そこには感情や，直感，そして最も重要な文化的，倫理的，宗教的な価値がどう位置づけられるのか不明確だからである．さらに選択後の結果（あるい

集団間紛争における神聖な価値

　人びとは，たとえば，家族や故国の幸福，信仰や名誉，公正に身を捧ぐことといった，心に強く決めた重要で核心的な価値と，ほかのそうでない価値とを置き換えることはどうしてもできない，とりわけ経済的価値とは引き換えは不可能と信じている．"侵されざる名誉"の問題は，それが何らかの量的基準で物質的な交換を強いられるとき，その行為じたいが「われわれが何者なのか」という問題に触れるとされる．ベトナム戦争後，米国の歴代政権は，戦闘で行方不明となった米兵がどういう末路をたどったのかベトナム政府がきちんと説明するまで，調停を拒み続けた．

　ある文化に属する者がほかの文化における神聖な価値を理解することは難しい．けれども，そういった価値を認めることは，激しい紛争を回避したり，解決したりすることに役に立つ．たとえば，1945 年，米国政府は日本の天皇を保護し，さらに敬意を示すことで，日本人が天皇のために死ぬまで戦い続けようとすることをとめられることに気づいた．

　一連の実験研究において，われわれは，イスラエル・パレスチナ紛争で不可欠といえる，"妥協案を含んだ和平交渉"に対

は帰結）のみを考慮する"帰結主義者"の効用理論は，意思決定の過程を考慮しない点でも問題がある．また，人はときにギャンブルのスリルを味わうのと引き換えに，あるいは，自分の選択権確保と引き換えに，あえて期待効用の低い選択肢を選ぶこともある．さらに，生死にかかわるリスクの意思

する人びとの憤りの強さと暴力傾向を測定した．たとえば，「601人のイスラエル人入植者の平和と引き換えに領地を明け渡す」「719人のパレスチナ人学生と交換にエルサレムの主権を引き渡す」「535人のパレスチナ難民が故郷にもどって生活する権利を認める」などといった交渉である．実験の結果，相手が神聖な価値の問題として争っていることがらに対して，こちらが物質的材料で取引しようとすると，かえって反発心をあおってしまうことが明らかとなった．そればかりでなく，物質的な利得がなくとも，象徴的な譲歩を行うことが，こみいった紛争を解決する手助けになることも明らかになった．

イスラエルの前人質交渉本部長のアリエル・メラーリは「相手の意図を信頼することは交渉において決定的に重要なことである．双方が，自らの存在意義のかかわる大切な問題を理解する意志が相手側にある，と信じられなければ交渉は決してうまく進まない」と述べている．道徳的な障壁を乗り越え象徴的な妥協に至ること，そして，感情的な支持を取りつけることはかなり困難な道ではある．しかし，この道はいまのところ実現されていない平和に向けて，大きな突破口をもたらす可能性がある．

(出典(抜粋)：S. Atran, R. Axelrod, R. Davis, *Science*, **317**, 1039 (2007))

決定では，公理そのものが不適切な場合も多い．たとえば，図1（p.11）にあるような生死のかかる治療選択では，ときに思考がストップし，どの選択肢がよりすぐれているかとか，同程度だといったような評価を下せなくなり，比較可能

エルスバーグ・パラドックス：不確実な確率

ダニエル・エルスバーグは1971年，ベトナム戦争での米国政府の活動記録に関する秘密報告書の漏洩事件，"ペンタゴン・ペーパー事件"で有名な人物である．そして，彼は傑出した決定理論家でもある．"エルスバーグ・パラドックス"は，人があいまいさと明確な確率とを比較するさいに浮かび上がってくる問題である．

いま，赤いボール30個と，黒か黄色かを合わせて60個のボールとが入った壺があるとする．ただし，黒と黄色の配分はわからない．

次のうち，あなたはどちらを選ぶか？

選択肢A	赤ボールをひいたら100ドルもらえる
選択肢B	黒ボールをひいたら100ドルもらえる

このとき，たいていの人は選択肢A（当たる確率はちょうど30/90で，1/3）を，選択肢B（当たる確率は0/90〜60/90の間のどこか，つまり，0〜2/3のどこか）よりも選好する．

では，同じ壺を使った次の賭けはどうか？

選択肢C	赤ボールか黄色ボールをひいたら100ドルもらえる
選択肢D	黒ボールか黄色ボールをひいたら100ドルもらえる

性の公理を逸脱してしまうことがある．映画化もされた小説『ソフィーの選択』にはそういった非人道的な選択が描かれている．意図的に自身や愛する人の命を賭けて，それと"等価"として金銭を受けとることも同様である．コラムでは，

　このとき，たいていの人は選択肢D（当たる確率はちょうど60/90で，2/3）を，選択肢C（当たる確率は30/90〜90/90の間のどこか，つまり，1/3〜1のどこか）よりも選好する．

　しかし，こういった選好は黒ボール，黄色ボールの数について特定の推定値を持っていたなら，矛盾したものとなる．仮に，黒ボールが0個だと考えたとすると，選択肢Bの当たる確率は0となり，選択肢Aのほうが優越する．しかし，それなら選択肢Cの当たる確率は1となり，選択肢Dを優越することになる．

　エルスバーグがこのパラドックスを発見した1961年当時，このような選好矛盾は人びとの選択の欠陥であると解釈された．しかし，今日多くの研究者はこれを，不完全な（壺の中身についての）知識を用いた推論がどのようなものかを考慮しない，効用理論の欠点であると解釈している．"あいまいさ回避"の理論は人がどのように不確実な確率を扱うかを考え，選択肢Bや選択肢Cが避けられる理由を検討している．

　1960年，数学者のブノワ・マンデルブロは商品価格の乱高下に同様の高い不確実性があることを見出した．それは金融モデルで想定されている秩序だった変動などではなく，同じことが2008年の金融崩壊時にも起こったのである．

人類学や政策科学の目から見た，集団間の紛争事態における，選択の公理を逸脱する事態をとりあげた．

不確実な価値

　自ら望むものがはっきりと意識されているとき，人は公理に従って選択する．株式を債権よりも選好し，債権を現金よりも選好する投資家は，株式を現金よりも選好すべきである．これによって推移性は満たされることになる．夜中に道を歩く人が，裏小路よりも横道に移ったほうが安全だと思い，大通りはさらに安全だと思うなら，大通りから裏小路にもどるべきではない．それをすると非推移性を示すことになる．しかし，私たちは人生における選択状況のすべてにおいて，とりわけ，新奇で，リスクが痛みをもたらすような選択においては，自分が何を望んでいるのかはっきりわからないことがある．その結果，人は選好をその場その場で"構成"するよう迫られる．自分の生活において一般方針を決めている"基盤"価値に基づいて，いつもとは違う特定の状況で，自分が何を望んでいるのか推論することになるのである．この過程でつまずいてしまうと，公理を逸脱し，（その意味において）非合理的な選択を行うこととなってしまう．

　いま，自動車を購入しようとしている夫婦がいるとする．お金はできるだけ使いたくないが，事故時に子どもを守りたいとも考えていて，これら二つの対立する価値がどれくらい重要なのか測りかねている．その状態を察知したベテラン販

売員は，販売価格を高くするために，オプションの安全機能をそなえたモデルを推すだろう．しかし，そのセールストークに接して"安全パッケージ"オプションはあまりに高価すぎる，と夫婦が突然気づき，逆に最も低価格で，危険で，最低限の装備しかついていない自動車を選んでしまうと，販売戦略は失敗ということになる．この場合，販売員は高い商品を販売できず，夫婦は推移性を破り，すでに否定したはずの選択肢に逆もどりしていることになる．依然として，この夫婦が価値の優先順位をはっきり決めかねているようなら，販売員は先の最上級の安全パッケージよりグレードは低いが比較的安い安全オプションの提案を再開するだろう．

　効用理論は，人が"あちらを立てればこちらが立たず"というトレードオフの場面でどちらを選択すべきかという問題には関知せず，選択が一貫していることだけを前提ルールとしている．しかし，研究の成果は人の選択がしばしば一貫性の原理を逸脱することを示している．先の自動車選択における非推移性や，1人を救うための費用が安全プログラムによって大きく異なるのに（表6），費用対効果が低い選択肢をとってしまうケースが見出される．こういった一貫性からの逸脱は人びとがより良い選択を行うために何らかの援助を必要としていることを示しており，これは実務的に重要な問題である．さらに，なぜ人が必ずしも"合理的"でないのか，という問題も提示しており，理論的にも興味深い．間違っているのは，人の選択なのか，それとも合理性の基準なのだろうか？

選好の非一貫性は重要な問題であり，研究のうえでも中心的なトピックである．心理学者はそれを"文脈効果"とよび，期待される結果が同じであるのにもかかわらず決定の文脈を変えることで人の選択が変化してしまうことを明らかにしてきた．最も"古典的"な例として，ある行為（たとえば拳銃の所有や中絶など）を「禁止」するよりも，「許可しない」ことを好む人が多いことをあげられる．もちろん，両者は同じことである．伝えられるところでは，ヨーロッパ連合（EU）加盟を問う英国の投票では「ヨーロッパに留まる」という文章が用いられ，「ヨーロッパに加わる」という文章は使われなかった．これは公衆が自らの選好に確信がない状況で，YES と投票しやすい文脈に導こうとしたのである．

　選好の非一貫性が最も大きくなるのは，将来のできごとに自分がどう反応するか，うまく予測できないときである．生活上の問題を解決しようと宝くじを買っても結局はがっかりするだけ．破滅的な不運に見舞われると思ったりもするが，実際にはうまく適応する．大胆な気分のときに大胆な投資を行ってしまい，結果が悪く出て落胆する．おおいに利用するつもりでフィットネス・クラブの会員になるが，その後は行く気が薄れてしまう．目新しい料理をつくるつもりでめずらしい食材を買ってくるが，結局はいつもの料理をつくる．「致死的な病気になったときには緩和治療を望む」と公言していても，実際そうなると克服のための積極的な治療を望む．

そういった非一貫性は自分が何を望むのかしっかり把握しているときには生じない．安定した選好を持つための一つの道は断固たる価値を持ち続けることである．信仰の自由を堅く支持する人たちは（銃器所有の権利を支持する人たちと同様に），「許可しない」といったところで「禁止する」と同様に反発する．臓器提供はすべきでないという信念の持ち主は，標準設定がどうあろうと判断は左右されない．「人命を意図的に危険にさらすことは金銭では補償できない」「成功するからといって職業倫理を破ることは正当化されない」「母親に何のリスクも課さないでいると中絶を見逃すことになる」というような固い信念の持ち主には，選択肢がどのように提示されようとも，選好は一貫するのである．しかし，そういった強固な選好を持つことは，**連続性**という選択の公理を逸脱することになり，効用理論の観点からは"非合理的"となる．連続性とは，すべてのものごとには価格があるということであり，たとえば，仮に「あるリスクで100万人のうち1人が死ぬことを許容するには1億円必要」という途方もないものであっても，ともかくものごとは金銭に換算できると考えることである．効用理論の公理を意識的に否定することは，効用理論とは別のルールに従って安定した選好を持つための一つの方法といえる．

プロスペクト理論

　文脈効果や矛盾した選好を説明しうる最も優れた理論は，心理学者ダニエル・カーネマンとエイモス・トベルスキーが

提唱した**プロスペクト理論**である．この理論によると，効用理論が人の行動をうまく説明できないのは，心理学的な基本原理を無視しているからだという．その原理の一つとして，人が選択肢を評価するさいには，それが現在の自分の状況をどう変えるかという観点から評価する，というものがある．効用理論が考えるような，自分の生活と離れたところで（富の全体という意味で）評価を行うのではない．そのため，ふつう人は細事に熱中してしまい，つねに全体像を見て天の恵みを勘定するような合理的な存在とはなれない．効用理論が無視している二つ目の行動原理は，人は価値の絶対値の大きさが同じとき，利得より損失を気にかけるということである．そのため，期待値は同じであっても，確実に利得の得られる選択肢（必ず1000円得られる）を，確率下で利得のある選択肢（50%の確率で2000円得られるが，50%の確率で利得ゼロ）よりも選好する．そうしておきながら一方で，負の期待値は同じなのに，確実な損失（必ず1000円損する）は回避し，確率下で損をしないかもしれない選択肢（50%の確率で2000円失うが，50%の確率で損失ゼロ）を選ぶのである．三つ目の原理は，確実な結果には価値の割増しがある，ということである．たとえば，90%を100%にすることは40%を50%にすることより，ずっと意義がある．

　プロスペクト理論によると，人は利得や損失を**参照点**と比較して評価する．参照点は現在の状態であったり，将来の想定であったり，他者の状態であったりする．そして，参照点を変えることによって，結果が同じであっても，それを利得

とみなすか損失とみなすかが変わり，それによって選好も変化するのである．たとえば，給料の3%アップは現在の給料と比較すると嬉しく感じるが，平均上昇率の3%と比べたり，上級職の5%アップと比べたりするとそうではなくなる．現在の給料と比べると，この昇給は3%の利得と感じるが，平均上昇率と比べると変化はないと感じるだろうし，上級職と比べると損失と感じるだろう．参照点は個人によってきわめて柔軟に設定され，そのことは実験参加者がマグカップをいったん持たされただけで，そのマグカップの価値を増大して感じるという実験結果でも示される．この実験でなぜ価値が増大するのかというと，いったん受けとったマグカップを返すことが損失と感じられるからである．販売員はこの"授かり効果"を使って，新商品を試着させたり，新車を試乗させたりしようとするのである．

利得よりも損失を強烈に感じるという心理的特性は"損失回避"を導く．その一つの現れが"現状維持バイアス"であり，このため人は状況を有利なほうに変えることに抵抗することがある．なぜなら，人は変化によって得られるものよりも，失うものをずっと気にかけるからである．別の現れとして"埋没費用効果"があり，このため人は損失を認めることを避けるべく，もっと別の良い使い途があるのに，これまで金を費やした悪い使い途に金を投入し続けてしまうのである．たとえば，食品のトラブルで商品回収があり，自分がそれを買っていたことがわかった場合，金輪際買うつもりのないその商品をそのまま捨てずにとっておくことがある．投資

プロスペクト理論に基づくフレーミング実験

　この実験では，あるグループが「新奇な伝染病のため，ある地域で600人の死者が出ると予想されている」と想定するよう求められた．このリスクに対して二つの対策が検討されている．対策Aでは200人が確実に救われる．対策Bだと1/3の確率で600人が救われるが，2/3の確率で誰も助からない．対策Bの期待値は200人であり（＝1/3×600＋2/3×0），これは対策Aの確実に助かる人数と同じである．もとの実験では，このグループのうち72％の人が対策Aを選好し，不確実性のない確実な選択肢を望んだ．

　別グループは同じ内容だが表現形式の異なる選択を求められた．対策Cだと600人のうち400人が確実に死ぬ．対策Dだと2/3の確率で600人全員が死ぬが，1/3の確率で誰も死なずに済む．対策Dの期待値はやはり対策Cと同じである．しかし，このグループでは，78％の人が確実な対策Cよりも，不確実性のある対策Dを望んだのである．

　このように，人は"命を救う"というフレームではリスク回避的となり，"命を失う"というフレームではリスク志向的になる．プロスペクト理論は，人が利得と損失をどう違ったふうに感じるか，という観点から，こういったフレーミングの効果を説明するのである．

家は，現在の持ち株を売り払うことが帳簿上の損失を確定させてしまう場合，ともかくそのことを嫌がって，有価証券一式をそのままの状態に塩漬けすることがある．ダム建設はいったん着工されると，その後に問題が発生してもめったに中止になることはない．

　文脈効果を証明する実験では，純粋に文脈変数だけ（たとえば，いったんマグカップが渡されるかどうか）を変化させ，価値を直接には変化させない．しかし，実生活では，文脈はそのことじたい以外に価値に対して重要な情報をもたらすものである．たとえば，人は標準設定という文脈から社会規範を推定するし（臓器提供する意思表示が求められるのは，通常そうしないものだからではないか？），政治家は権利の問題であることを主張しようと「中絶を禁止しない」ではなく「中絶可能」と表現するし，また，開発業者は，当初の判断がまずかったと認めたくないために，ずさんなプロジェクトを続行するのである．

ヒューリスティックな決定ルール

　人が一度に扱える情報量はわずかでしかない．ジョージ・ミラーが提唱した，一度に考えることのできる心理学的な上限値はわずか7±2項目（つまり5〜9）である．情報がそれ以上になると頭からこぼれ落ちはじめる．文脈効果はその結果のひとつといえる．決定があまりに複雑になると，いくつかの要素は思考対象から外れ，主要な要素だけが選好を定め

ることになる．

　ノーベル経済学賞を受賞したハーバート・サイモンは，人が複雑な決定を単純化するために用いる，さまざまな一般的ストラテジー（戦略）を示している．それらは**限定合理性**という私たちの実際的な思考法を映し出すものである．最初の**ストラテジー**は**近似的な最適化**であり，決定の要素をいくつか無視し，残された要素に集中してシステマティックに考えられるようにするのである．たとえば，投資家は評価対象を上場有価証券に絞ったり，投資顧問の推薦銘柄に絞ったり，あるいは，短期キャピタル・ゲインに絞ったりする．国の指導者は外交問題か内政問題かのどちらか一方だけに集中したりする．患者が，自分が受けている以外の治療法を無視することもある．それぞれにおいて，人は特定要素に集中することが，ほかの要素を考慮しないデメリットを上回ると考えているのである．

　サイモンの二つ目の一般的ストラテジーは（古いスコットランドの言葉から引用された）**満足化**である．これは，先のストラテジーのように何かを無視するものではないが，最高の選択を追求することは諦める，というものである．満足化選択者は，重要な価値ある結果に関して"十分満足"である選択肢が見出されればそれ以上の選択肢の探索はやめてしまう．たとえば投資家は，市場で前年実績を超えていることがわかった最初の証券を買うことがあるし，ある程度の配当金があるから，あるいは，なじみのある業界だから，として証

券を選んでしまうことがある．政治的リーダーは，最初に見つけた，自分の支持者を説得できるストラテジーを採用するかもしれないし，公然と抗弁できる，あるいは，任期中に問題が爆発しない，という最初のストラテジーを採用するかもしれない．患者は，最初に見つけた，料金が手頃で，あまり批判されていない治療法を選択するかもしれない．満足化を選択した者は，もっとよい選択肢が，未検討の"あちら側"にあるかもしれないとわかっているが，それでも自分が選んだものでよしとするのである．

こうした観点からは，人は，大まかな選択法として良質の**ヒューリスティック**[*1]をもち，近似的最適化のためにどの要素を無視すべきか知っており，満足化のためによい選択肢の探索方法を知っている熟練した意思決定者だといえる．近似的最適解を出せる政治家は，どの選択結果が強力な選挙区と無縁で，したがって，無視して大丈夫かを理解している．満足化の政治家は選挙民を怒らせない選択肢の見つけ方を知っている（そして，それに飛びつく）．

ヒューリスティックを用いる人が熟練者であったとしても，それがうまく機能するかどうかは状況によりけりである．ある意思決定状況はほかのものよりも甘めだといえる．たとえば，選択肢が連続的なもの（時速何キロで運転するか，何円投資するか）は，どの1点で選択をしたか，ということに対してかなり鈍感である．つまり，ある範囲内におさまっていれば何キロで運転してもリスクの大きさは同じよう

なものである．正確に何分運動したか，とか，厳密に資産運用の何％を株に投じたかというのも同様で，少々の違いではリスクに大差はない．また，選択肢が離散的な意思決定，たとえば，どの仕事（あるいは休暇）をとるべきか，という選択であっても，想定される結果の相違がどう重みづけられようが，選択に大きな影響はないことが多い．実際，選択肢の良い側面の数から悪い側面の数を引くという単純な方法で，十分な評価ができることも多い（"ベンジャミン・フランクリンの精神的代数" として知られているルールである）．医学部に合格するか，再犯するか，訴訟案件で和解が成立するか，破産するかなど，多様なことがらの予想において，単純なルールが専門家と同程度の力を発揮することも少なくない．たとえば，一般に恋愛関係は複雑なものだが，学生カップルの行く末は，ケンカの頻度と性行為の頻度を比較するとだいたい予想がつく．医師は頭部外傷によるダメージの大きさをグラスゴー昏睡尺度によって査定するが，これは目，言語，運動反応の単純評価を足し算し，3点（深い昏睡あるいは死亡）から15点（完全に覚醒）までの範囲で評価するものである．ABC（Adaptive Behavior and Cognition）グループを主宰するゲルト・ギーゲレンツァーたちは，法律，医療，パートナー選択など広い範囲において単純ルールであるヒューリスティックが良好に機能することを例証している．

　単純なルールがうまく機能する理由の一部は，その信頼性が高く安定しているからである．人間と違って，ルールというものは日によって調子が悪いとか，心が乱れるとか，物忘

れをするとかいったことがない．そのため，パイロットや医師，その他の専門職はチェックリストによって，すべての簡単な事項を適切に保とうとする．一部の専門家はこういったルーティンを屈辱と感じるようである．しかしながら，こういったルールは専門家の知識にとって代わろうというのではなく，体系化を目指しているのである．チェックリストを使うことで，専門家は患者と話すとか，管制官と話すといったような，専門家にしかできない業務に集中できる．

ルールと規制

　リスクに対して社会的な規制があることは私たち個々人の限定合理性の現れであり，ハザードの相違を無視して，一つのルールを当てはめようとするものである．規制がうまく機能するかどうかはハザードの境界がどう設定されるかにかかっている．その境界設定は規制するカテゴリーの定義しだいとなる．たとえば，米国での規制は，同じ対象でも以下のような場合ゆるやかになる．(a) ハーブを用いた商品が，医薬品ではなくダイエット・サプリメントと分類されるとき，(b) ペパロニ・チーズピザが，食品医薬品局ではなく農務省の管轄となるとき，(c) 投資が，規制対象有価証券ではなく監督されないヘッジファンドとみなされるとき．

　一般ルールを具体的対象に適用するさいには，特定の言葉への翻訳が必要になる．しかし，ここで問題が生じる．たとえば，米国では"新規"の発電所は従来のものよりも厳しい

規制が課される．しかしながら，"新規"とか"従来"というのは，かなりあいまいな言葉である．そこで，電力会社は"従来"向けの甘いルールのもとで操業すべく，ほぼ全面的な（しかし決して"新規"ではない）施設改築を行うことがある．いくつかの原子力発電所では，"新規"技術を配備せずに巨大な"従来"型冷却水取り込み装置を使っており，その結果，何十億もの魚卵や幼生が犠牲となっている．リスクの結果について見ると，"環境への悪影響"のような言葉は多様な解釈が可能であり，このような言葉による規制では実質的には何も規制できない．しばしば，意図的にあいまいな表現が設定されていて，これによって規制当局の裁量が生まれ，本来の標準的ルールがないがしろにされることがある．一方で，偶然あいまいな規制になってしまうこともある．米国議会では，すったもんだの交渉のあげく，一種の落としどころとして，あいまいな表現を用いた規制が産み落とされることもある．

　第 2 章で見てきたように，定義は価値を表現している．たとえば，社会的な決定ルールでは"公正"という価値がしばしばあらわになる．ところが，公正という価値も定義によって勝者と敗者が違ってくる．(a)「すべての農家で水を平等に分ける」vs「古くからの権利者に権益を認める」，(b)「新築家屋にのみインフラ（道路や下水）費用を要求する」vs「地域居住者全員が負担する」，(c)「有害物質除去費用をすべての"関与者"に課す」vs「現在の土地施設所有者にのみ課金する」，(d)「温室効果ガス排出の制限をすべての国に

課す」vs「発展途上国は過去エネルギー消費の恩恵にあずかっていないのだから，先進国にのみ課す」．

　ハザードが特定の規制カテゴリーに割り当てられると，次に，ハザードはライフ・サイクルの部分ごとに境界が区切られる．たとえば，溶剤のリスクは規制当局がその溶剤の使用者への直接的な健康影響や環境へのインパクトのみを考えるか，それとも，"下流"での影響（廃棄物の輸送と処分），"上流"での影響（採鉱と輸送），職業上の曝露，製品中に使われている媒介化学物質，などの間接的な影響までを考えるかで大きく違ってくる．別の例としては，飲料水の塩素消毒があげられる．現在の規準は細菌性の伝染病（赤痢，肝炎，ジアルジア症，コレラ）を抑えることだけで考えるとベネフィットがリスクを大きく上回る．しかし，このバランスはクロロホルムのような発がん性の副産物のリスクを考慮すると少し違ってくる．

　規制ルールが実施されないと，ルールの中に組み込まれたリスク-ベネフィット・トレードオフは実現しないか，あるいは，不明なままとなる．たとえば，監視ルールが甘いと，農薬散布後の早すぎる段階で農場労働者が農場にもどされリスクにさらされることになるだろう．しかし，監視ルールが厳しすぎると，たとえば古い建物から除去されたアスベストや家具，サーフボードの製造過程で出る溶剤などの不法投棄をかえって促すことになりかねない．旧ソ連では，イデオロギーを反映して強い労働者保護規制ルールを有していたもの

の，それが実行されていたかというと，現実の優先順位を反映してお粗末なものであった．

進化する決定

社会が変わると決定ルールの意味も変わる．たとえば，"検出可能"な毒性物質を禁止することは，検出技術が発達して分子レベルにまで達した今日では，規制としてより厳重なものとなる．病気かどうか疑わしい場合には，かつてより医療的処置が実施されるようになってきている．念のために行われる食品回収は，電子化された健康記録が普及し，食中毒などが大規模に発症する可能性がすばやく検出されると，しょっちゅう実施されることになる．不完全な検査をたくさん実施すると，「本当は問題がないのに，危険であると判定する」という誤検知を増加させることになる．米国のある健康管理システムでは，実施した複数の血液検査の項目から，医師がとくに要請した検査結果だけに絞って報告することが誤検知防止に有効であった．なぜなら，余分な検査をするとそのぶん，誤検出が多く発生し，しなくてもよい再検査をすることになるからである．また，医師の保身的医療，つまり後の訴訟を避けるための検査は，誤検知と過剰治療を増加させることになる．

ルールはそれが管理する世界を変えることができる．**達成基準**という規制は厳密な目標値を設定し（燃費を 16 km/L まで改善する），それに適合する技術開発を促そうとする．

技術基準は対策を固定して（触媒装置を採用する），ルールが守られているかどうかの監督を容易する．しかし，これは新しい技術基準が設けられない限り，新しい対策を開発しようとする試みを阻害してしまう．**適応型管理**は両者を統合したものであり，実績の積み重ねに応じてルールを変えていこうとするものである．多くの生態学者もこの方法を勧めており，彼らは，従来の技術基準に基づく規制はあまりに現状の評価に気をとられ，革新的な対策の創造に目を向けていない点を批判している．

　米国の二酸化硫黄の排出を制限する酸性雨防止についての法律は達成規準として知られており，この法律によって早い段階で汚染状況を改善し，法令遵守のための費用も減少させることができた．この法律は排出権取引を認め，同時に企業にはある一定量の汚染を生み出す権利を認めている．もし，ある企業が汚染を減少させられたなら，自社の汚染を生み出す権利をほかの企業に売ることができ，自前の汚染減少には費用がかかりすぎると判断する企業がその権利を買うことができる．その結果，総汚染量を最も費用対効果の高い方法で減少させることができる．認可制のもとで総汚染量の上限を設定するという方法は，二酸化炭素排出に関しても提案されている．これによって企業が最も有効な解決方法を自由に創造できるようにしながら，全体としての排出量を抑えようとしているのである．

「モントリオール議定書」は技術基準として知られており，

クロロフルオロカーボン（CFCs）が地球を紫外線から守る成層圏オゾン層を消失させることが発見されてから，ちょうど 15 年後に制定された．この議定書は批准した 23ヶ国に冷蔵庫やスプレー缶で使用される CFCs を削減するよう求め，使用できる用途を限定し，代替技術への移行を助成する多国間基金を創設した．

　市場原理を用いてリスク管理を行う場合は，ルールが策略の道具とならないよう慎重に計画を立てる必要がある．たとえば，保険業界は，手術直前や冒険に出かける直前など給付金請求が間近にありそうなときに保険を購入するという人たちのモラル・ハザードに悩まされている（第 1 章参照）．しかし，保険会社自身もリスクが平均より低い顧客相手に，人口全体の平均値から算出した保険料を請求するというモラル・ハザードを引き起こしている．国民皆保険でない国では，保険に入っていない（あるいは入っていても部分的な保険にしか加入していない）患者を，あらゆる患者を受け入れる公共の救命センターへ押し込む．こうして自分の健康に無頓着で保険に入らない人は，万が一，高額の高度治療を受けなければならない事態に陥ったとき，自分自身と公共財（救命センター）をリスクにさらすことになる．米国では，雇用主が被雇用者の年金保証をとりやめ，代わりに被雇用者が（少なくとも部分的には）自分で資金運用しなくてはならない年金積み立てを援助する，というかたちに切り替えることで，一種のリスク転嫁が進められている．

向社会的な規範が内面化していれば，空きびんをリサイクルに出す，野鳥に餌をやる，フェア・トレード協賛の商品を買う，貧困に苦しむ見知らぬ人を助ける，というふうに自分を律することができる．しかし，公共を守るためには，たんに個々の善意に頼るのではなく，目に見える協力のしくみが必要になる．競争的市場では，公共心のある企業はそれを持たないライバル企業に駆逐され，残った企業は生き残るために公共財を食い物にして（廃棄物の不法投棄，労働者の搾取）"底辺に向かう競争"が巻き起こるかもしれない．それに対して規制を敷くことで，すべての企業に最小限の基準を課し，このような競争を緩和できる．訴訟は悪質な企業を罰することができる．業界は業界全体への集合的罰則を避け，個々の企業に最善の措置を促すことができる．

　不確実性が高くて意思決定が困難なとき，情報を集めることで決定は容易になる．これを狙って医師は血液検査や精密検査，問診を行うし，環境科学者は土壌や水，大気の試料を採取する．地質学者は試掘を行い，地震検査（人工的に地震を起こし地下構造を調べる）を実施する．こういったデータを収集することは有益だが，その価値はデータを得るための直接の費用だけでなく，誤った検査結果がもたらす間接的費用や，結果を待つ間に発生する機会費用を差し引いて考えなければならない．たとえば，乳房X線撮影や前立腺がん検査には誤検出があり，それによって追加の検査や治療が必要になるし，気苦労を負うことにもなる．結婚相手にと想うパートナーへの遺伝子検査は，それによってあらたな難しいリス

> ## リスクについての決定に情報提供する検査：HIV
>
> 　一度の HIV 検査で陽性だったとしても，それは意思決定するうえで驚くほど弱い根拠でしかない．たとえば，西欧のある国々では 15〜49 歳の年齢層において感染率は 10 000 人に 1 人である．ある検査では，実際の感染者には 98.5％の確率で正しい結果が出される（真の陽性）．そして，非感染者に対しては 0.15％の確率で誤って陽性という結果が出される（偽陽性）．陽性という結果はつねに悩ましいものだが，HIV そのものは非常に珍しいので，陽性という検査結果が出ても感染している確率は 1/10 000（ベース比率）から 1/16 に上がっただけなのである．したがって，二次検査を受けたほうがよい．2 回とも偽陽性となることはめったにない．

クを生み出してしまうかもしれないし，体外受精を考える女性にも同様のことが言える．

　人は経験から学んで不確実性を低減させることができる．これは世の中についてだけでなく，自分自身について（「それでどれくらい満足できるかわからなかった」「不安がおさまらなかった」「決して行くべきではなかった」など）も同様である．学ぶための条件としては，適切な報酬を伴うすばやい明確なフィードバックを受けられることが必要である．この条件が整わないと，人はつらい経験をするわりに，多くを学ぶことができない．人は次のように自問する——「なぜ，私はこの投資に関してこんなに気分がすっきりしないの

だろうか？ 自分は思っていたほどリスクをとる人間ではなかったのか？ セールスマンの圧力に屈したからか？ 成功しても思ったほど人生が変わらなかったからか？」．後知恵バイアスにより，人は望ましくない結果の原因を自分の行動のまずさに求め，無知であったことには求めない傾向がある．また，結果バイアスにより，人は決定の質と結果の質とを混同してしまう．そのため，たまたま不幸な結果となってしまった健全な決定を後悔したり，幸運な結果となった不健全な決定をむやみに誇りに感じたりする傾向がある．人は目に見えない賢明な選択（エアバッグの導入，ワクチン接種）を忘れがちで，その一方，痛々しく目立ちやすい，けれどもじつは些細な失敗に心を奪われてしまうのである．このような点を考えると，自動車の運転は賢明な選択を導く学びの条件がそろっている．もとより，たいていの人はそういった条件の中でよい選択を行おうと日々生活しているのである．一方，投資やダイエットの意思決定は，学びに重要な，すばやい明確なフィードバックのない選択の典型例であり，これらに関しては，人はまずい選択から別のまずい選択へとわたり歩いてしまうのである．

1960年代，科学者たちは人工台風を生み出すことで，台風の風速を弱め，被害を抑えられると考えた．当時の専門家は，おそらく人工台風によって風速を下げられるが，台風の経路しだいでは未知の働きにより逆に風速を早めてしまうかもしれないと予想した．図11に示す決定木はいちばん左側に選択があり，続いて，それぞれの選択ごとに，生じうる風

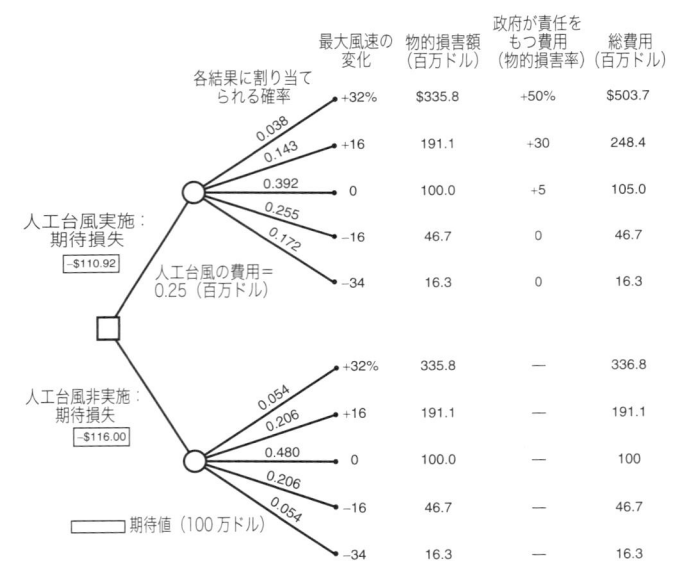

	各結果に割り当てられる確率	最大風速の変化	物的損害額（百万ドル）	政府が責任をもつ費用（物的損害率）	総費用（百万ドル）
	0.038	+32%	$335.8	+50%	$503.7
	0.143	+16	191.1	+30	248.4
人工台風実施：期待損失 -$110.92	0.392	0	100.0	+5	105.0
人工台風の費用= 0.25（百万ドル）	0.255	−16	46.7	0	46.7
	0.172	−34	16.3	0	16.3
	0.054	+32%	335.8	—	336.8
	0.206	+16	191.1	—	191.1
人工台風非実施：期待損失 -$116.00	0.480	0	100.0	—	100
	0.206	−16	46.7	—	46.7
期待値（100万ドル）	0.054	−34	16.3	—	16.3

図 11 リスクについての決定：人工台風の例.

速の 5 種類の変化について専門家が確率推定した結果を示している．それぞれの風速の変化には二つの鍵となる結果——物的損害額と政府の責任費用——が表示されている．確率と費用とを掛け合わせると人工台風のコストのほうが低い．したがって，これら専門家の判断に基づくと人工台風は合理的な選択ということになる．ただしそれは，**もし**，金銭だけが問題であり，**かつ**，誰が費用を負担して誰がベネフィットを享受するのかは無視してよい，という条件が満たされる場合に限ってのことである．しかし実際には，この問題は受益者にも犠牲者にも命のかかわる問題である．人工台風の"成

功"は台風が進路を変え,干ばつ地帯に降雨をもたらすかもしれないが,一方で,橋を流し去るかもしれない.こういった場合,受益者が犠牲者の損害を補償するといったような政治的な方法は存在しないため,人工台風案は捨てられたのである.より深い不確実性と複雑な公平性の問題が"地球工学"の適用にも伴い,大規模気候変動のリスクを削減するための地球規模の介入(宇宙空間での日除け,海洋への鉄分施肥など)にもこういった問題が切り離せない.

結論：選択は信念と価値を統合する

　健全な選択を行うには世界についての不確実な事実と,自身の不確実な価値について理解している必要がある.効用理論は"合理的"な選択のための基準を提供するが,そこでは,人の選好は整然と決まっており,期待効用が最大となる選択肢が選ばれると想定されている.この基準は魅力的である.なぜなら,少数の一見単純なルール,たとえば,比較可能性や推移性に選好が従っていれば,合理的な選択が保証されると考えられるからである.また,この基準が多くの選択を構造化し単純化するのを助けるからである.しかしながら,効用理論は現実生活における選択という側面を見過ごしており,現実の決定を説明するには不十分で,たんなる願望の対象になっていたりする.生活する中で,人は新奇な意思決定場面に直面し,たいていの場合,不安定な選好をその場その場で構成しなくてはならない.さらに,複雑な決定に対しては,それなりによい決定を導く単純化ヒューリスティッ

クに頼らざるをえないのである．また，人はなじみのない結果に直面し，それによる未知の経験を予測し，自分が何に価値をおいているのか後から理解するしかない状況におかれる．人は相反する社会的な役割に直面し，かぶるべき"帽子"を決めなければならない．人には永続的な重大事（神聖な価値）というものがあり，これに関しては効用理論の中心にあるトレードオフという考えが排除される．人は決定のフレーミングに惑わされ，本質的な選択肢構造が同じでも，フレームによって選択が変化してしまうのである．

　リスクの意思決定に関する"悪い知らせ"は，価値についての不確実性（個人あるいは社会が何を望んでいるかを理解すること）が事実についての不確実性（何があり得るかを理解すること）と同じくらい歯ごたえのある難題ということである．"良い知らせ"はそういった難題に対しては，試行錯誤を行い，効果的なヒューリスティックを学習し，多様な観点からの意見に耳を傾け，決して操作されない価値を持ち続けることで解決できるということである．ある意味，別の良い知らせといえるのは，決定が難しく思えるときは，たぶん，その決定は本当に難しいということである．だから，直面する意思決定が難題に見えたとしても，何も落ち込む必要はないのである．

　（*訳注1）ヒューリスティックとは，必ずしも最適解に導くわけではないが，高い認知的労力をかけずに短時間で満足のいく判断や意思決定を行う簡便な思考方法．

第 5 章
リスク認知

　専門家は特定のリスクだけを深く分析するという特権を（あるいは義務を）享受している．そうではない一般の人びとは，日常生活で多様なリスクに遭遇し，立ちはだかるすべてのリスクに（できれば専門家なみに）対処しなければならない．人はある日突然，自分が性交渉で HIV に感染するリスクはどれくらいかを知る必要に迫られるかもしれないし，資産を運用するための金融システムの崩壊がどれくらい近づいているのか，あるいは，寄付先を決めるため，衛生的な飲み水が最も必要な地域はどこなのかを知る必要に迫られるかもしれない．

　一般人は専門家のような知識はもたないし，またその必要もない．現実の問題に対して有効な決定を下すのに十分な知識があればそれでよいのである．専門家と同様に，どのリスクから対処するかを判断するため，リスクの大きさがわかれ

ばよいし,また,そのリスクに対して何ができるのか(できないのか)を理解するため,リスクの発生原因がわかればよい.しかし,そのような知識がない場合,一般の人びとは専門家の主張を鵜呑みにしたり,あるいは専門家間の見解の不一致のため(たとえば,原子力発電や遺伝子組換え作物,電磁波の人体への影響についてそうであるように)混乱の中におき去りにされてしまうのである.

　個人の命運はどれくらいリスクを理解しているかで決まる.社会におけるその人の立場も,周囲からリスクを理解する能力があるとみなされるかどうかに左右される.同様に,公衆に能力があるとみなされるなら,自由市場や参加型民主主義を進めるべきという主張が強くなるだろう.逆に,公衆には能力がないとみなされるなら,自分たちを自身や搾取者から守るためパターナリズム[*1]的な制度をおくべきという主張が強まるだろう.以下,三つの事例を通して,一般の人びとのリスク認知の特性を理解することがいかに重要かを例証し,その理解を進めるには行動科学研究が必要であることを解説する.行動科学研究が必要なのは,人のリスク認知は物体を見るようには直接観察できないからである.私たちが観察できるのは行動(選択や判断)であり,そこから人の信念やおそれ,主観的な不確実性を推測しなければならない.行動科学はその推測を可能にするのである.

　(*訳注1)父が子に恩情をかけつつ干渉的に保護・支配するような関係.

リスク認知の認知

飛行機か,それとも自動車か?

　2001年9月11日の同時多発テロ以降,米国人が飛行機のリスクを過大視して飛行機利用を控え,そのぶん,自動車移動のリスクが高まったと主張する論者がいる(2005年7月7日のロンドン同時爆破テロでも同様).その主張の根拠は,通常時には飛行機は自動車より安全という統計データにあり,テロ事件後もそのような統計は適用できるという前提に基づいている.しかし,テロ直後の飛行機利用のリスクは不透明であり,米国の政府当局もテロ直後に飛行機の運航を停止したので,飛行機は移動の選択肢となりえなかった.飛行機の運航が再開された後,懐疑的な人たちは,本当はどれくらい安全なのかといぶかしみ,政府当局が国を正常にもどすことを優先して旅行者の命を賭けているのではないかと疑った.実際,その後2カ月のうちにニューヨークのJFK空港で大衝突事故が発生し,民間飛行機の利用は実際に異常なほど危険な状態だったといえる.しかし,逆に,その後の2年間は異例なほど事故は少なかった.

　もちろん,本当のリスクがどれくらいだったのか,当時の利用者は知ることはできない.選択が賢明だったかどうかは,(飛行機の運航再開後に)自動車にするか飛行機にするかを決めるときに,何をどう信じたかで決まる.残念ながら,こういった旅行者のリスク認知は研究されておらず,当

時の旅行者が何を考えていたか証拠がない．証拠がないので推測するのは簡単だが，そんな推測は簡単に誤りうる．公衆の判断能力を信頼できない論者は，人は飛行機のリスクを過大視し，同時に自分の運転能力も過大評価していると主張する．公衆を信頼する論者は，自動車を選んだ人は飛行機の運航再開をむやみに急ぐ役所を信頼できないから慎重にリスクを避けたのだと主張する．さらに，自動車のほうが低コストで，便利で，家族の不安を和らげられるからだとも付け加える．このように，実証的な証拠がないと，いくら選択結果を見たところで，人のリスク認知についても選好についてもほとんど何もわからないのである（第2章参照）．

青年期のもろさ

　世間では，10代の青年期は独特の，"不死身感覚"をもつということになっている．この考えは，一見，10代の若者がリスクについての愚かな選択をすることをうまく説明するように思える．「奴らは，自分は絶対に大丈夫と思い込んでいる」という具合に．しかし，彼らの心理状態はもっと複雑であることを指し示す実証的証拠がある．第1章で述べたように，若者の思考能力は15歳程度で大人と同じになり，したがってバイアスも同じになる．バイアスの一つとしてあげられるのが，相対的な安全感覚である．これは（すべての年代を通して）自分はリスクをうまくコントロールし，避ける能力が平均以上にある，という感覚である．

　しかしながら，大人にも青年にも共通してこの"楽観バイ

アス"があるならば,両者の意思決定の相違はほかの要因で説明する必要がある.その要因の一つは,不死身感覚という神話とは逆に,多くの10代の若者が,自分が若くして死ぬ確率をかなり過大視していることである.どうせ死ぬのだからとリスキーな行動をとるのであって,何をやっても死なないと考えているわけではないようなのだ.若者が無謀な選択をする2番目の要因は,10代は学んだり経験したりする内容が大人とは異なっているので,リスク認知も違ってくるというものである.3番目の要因は,賢明な選択にはあえて逆らうべきという,その年代特有の強い社会的圧力にさらされていることである.4番目の要因は,10代は理性的に考え責任ある行動をするのに必要な感情のコントロールが不十分というものである.10代はまだ脳が発達段階にあるというだけでなく,日々の生活が気も狂わんばかりの難しい決断——ドラッグ,喫煙,肉体関係,自我同一性など——に満ちあふれている.生理的に極度に興奮した状態で,街角でのケンカに直面したり,性行為の交渉をしたりするというように,感情に支配され,何をどう判断すればよいかわからなくなっているのである.そういった厳しい決断に直面する10代の若者は,意思決定能力がどうであれ,間違った決定を下してしまうギリギリのところに立っている.10代のリスクについての決定を理解するには,彼らの認知や能力,そして,彼らを取り囲む状況を十分に把握することが必要であり,素朴な思い込みだけでは理解できない.

パニックにならないで！

　緊急事態においては当局自身が動揺し，パニックにならないようにと警告を発することが多い．しかしながら，実際にはパニックはめったに起きない．ナイトクラブの火事やスタジアムでの一斉避難のように，視界がさえぎられたり，避難路が限られたりしたときだけ例外的に起こりうる．人は心の中でパニックになっても，行動面ではそうはならないのがふつうで，むしろ英雄的な行為をとることすらある．確かにレスキュー隊が生命を救うことはあるが，むしろ，たまたまその場に居合わせたごく一般の人——家族や近隣住民，ときにはまったく見知らぬ人——が救助することのほうが多いくらいである．2011年アリゾナ州ツーソンでのガブリエル・ギフォーズ議員銃撃事件などに見られる，たまたま居合わせた人の勇敢な行為は，驚くべきことに"よくある話"なのである．

　社会学者のキャスリーン・ティアニーによると，パニックがたやすく発生するという"パニック神話"にはいろいろな出自があるという．当局は自分たちを権限づけるため，公衆が非合理的だと言い立てることがある．ニュースでも感情的な反応が強調され，"村人が命がけでがれきの中を捜索する"という英雄的なシーンよりも，悲嘆に暮れるシーンを好んで報道する．パニックを期待する人は，9.11同時多発テロのさなか，人びとが往来を走り逃げる場面をパニックとみなし，それが多くの命を救ったすぐれた避難行動だったとは解釈しない．パニックシーンを観たのはニュースではなく映画

(『宇宙戦争』『インデペンデンス・デイ』)であったことを忘れてしまうこともある．私たちは，自分もそのような状況に遭遇するだろうかと不安になり，おそらくはパニックが起こるといわれて弱気になっているのだろう．

核心となるのは，一般の人びとがリスク認知をどう認識しているかである．たとえば，世間でいわれる「人は小さなリスクを過大視し，かえって大きなリスクを生んでしまう」「10代の若者は自分のもろさを過小視している」「人は強い

金融パニック

人びとは身体の脅威に直面してもほとんどパニックを起こさないが，ときには一斉に同じ意思決定を行い，結果として金融パニックを起こすことがある．2008年の金融危機において，銀行の破綻をおそれた人たちは一斉に預金を引き出し，結果として銀行の払い出し能力を低下させてしまった．プロの投資家たちは同時にレバレッジ・ヘッジファンドへの融資を停止し，結果としてファンドの運用能力を損なった．いずれの場合も，個人個人は自らの損失を最小化しようと合理的に行動したのだが，しかし集合としてみると，金融機関崩壊の可能性を高め，結果的に自分たちの資産を減少させてしまった．こういった状況では，個々人の判断に委ねていても問題は解決できないので，社会制度，たとえば，政府の規制機関や，1907年の金融危機時にジョン・モルガンが率いた強力な銀行家集団のような緊急対応機関が，調整を行わなければならないのである．

ストレスのかかる状況ではパニックに陥る」というのはリスク認知についての根拠なき思い込みである．特定の状況で人がどのようにリスクを認知するかは，実証的に考えるべき問題であり，この問題に答えるためには，さまざまな状況でのリスク認知を，観察可能で，解釈可能な"行動"に基づいて考える必要がある．さもないとただの読心術をする羽目に陥る．

死亡リスクについての判断

　リスク認知に関して真っ先によせられる質問は，一般の人びとは，さまざまな原因による死亡率をどれくらい正しくわかっているのか，というものである．この質問に答えるための最も簡単な方法は一般の人びとに「米国で毎年，落雷（あるいは，糖尿病，がん，などなど）によって死ぬ人は何人ですか？」と質問してみることである．図12はそうした研究の最も初期のものであり，多くの研究で見出される共通のパターンがいくつか示されている．一つ目は一般の人びとは大きなリスクと小さなリスクの区別はできている，ということである（図中の点が左下から右上に上がっていることからわかる）．二つ目は，大きなリスクと小さなリスクの違いの程度はうまく理解できていない，ということである．統計的には，最も大きな値（すべての疾病）は最も小さな値（ボツリヌス中毒症）の100万倍であるが，一般人の評価ではすべての疾病は最も小さい値（種痘）の1000倍でしかない．三つ目は，統計的には同じ頻度であっても，一般の感覚では，あ

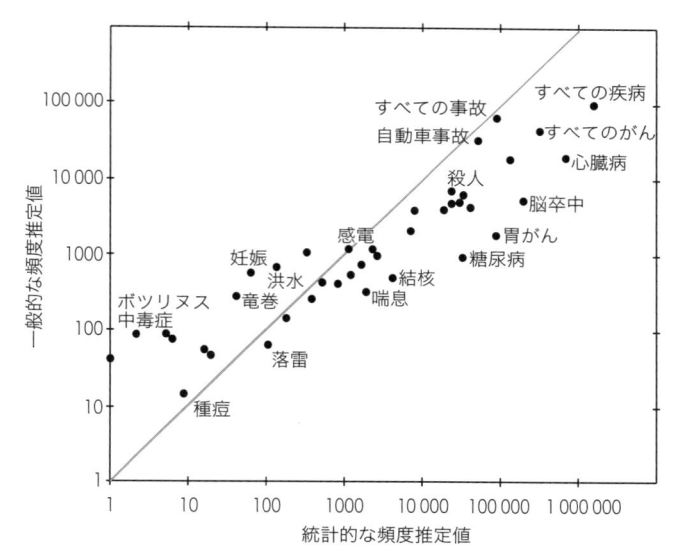

図 12 41 の原因(ラベルがついていないものもある)による米国での年間死亡者数を一般人が判断したもの.横軸(x 軸)は統計的推定値を示し,ボツリヌス中毒症(左端)からすべての疾病(右端)までの範囲である.縦軸(y 軸)は教育を受けた成人による判断の平均を示している.

るリスクは別のリスクよりも大きいとみなされていることである(殺人 vs 糖尿病,竜巻 vs 落雷).

図 12 では示されていない別の共通パターンとして,質問の仕方に敏感に反応して回答が変わる,というものがある."殺人による年間死亡者数"という質問の意味は明快である.しかし,多くの人にとってどんな数字を答えたらよいのかは明快ではない.そこで,たとえば年間 1000 人が感電で

第 5 章 リスク認知

死んでいるという情報を伝えることで，ほかのリスクへの回答も容易になる．しかしながら，そのような情報は，回答に"アンカリング（錨）・バイアス"をもたらすことになる．これは，ある数字を見てしまうと，後続する判断がその数字に引きずられ，しかも，その数字が正しいという根拠を勝手に考え出すというものである．たとえば，サンフランシスコの夏季平均気温が（あり得ない値なのだが）「290℃より高いか低いか」を尋ねられると，その後に回答する平均気温の値が高くなってしまう．また，値段交渉においてアンカリングが利用され，最初の言い値を極端に高くすることがある．これは，交渉相手が「そんなものか」と思って相場を上げるのを期待しているのである．図12では1000人の感電死というアンカーが判断に影響し，それより低いものは高めに，高いものは低めに，値を引っぱっている．そのため，大きなリスクと小さなリスクの差が縮んでしまう．図12は小さなリスクの過大視，大きなリスクの過小視を示すものとしてしばしば引用される．それはたしかにそのとおりなのだが，この結果は特定の質問方法による人工的な結果，という面もある．なぜなら，自動車事故によって年間50 000人が死んでいるという情報を知らされたグループのリスク判断は，順序は図12のままだが，値はほぼ倍増しているからである．したがって，人びとはさまざまなリスクの相対的な大きさについてはかなり正確な感覚を持っているが，絶対的な大きさについては質問方法しだいで判断が変わるといえる．

明快な質問，明快な回答

　リスク認知を数値で回答することに何か問題があるなら，「とてもありそう」とか「めったにない」というような日常語で回答を求めればよいと思われる．実際，リスクの程度を尋ねられるとき，人は数字よりも言葉で回答することを好む．しかし一方で，情報を伝えてくる相手には言葉よりも数字を使ってほしいと望む．たとえば，医者が「治療が効きそうだ」とか「ひどく痛むことはなさそうだ」と言うとき，その確たる意味を知りたいと望む．「ありそう」というのは50％を意味するのか，それとも90％を意味するのか？「ありそうにない」というのは100％から「ありそう」の確率を引き算したものなのか？という具合である．ところが，情報を伝える側に立つと，人は言葉で表現することを好む．しかし，"言葉によって表現される数値"のままでは，その人が，あるリスクをどれくらいのものと認知しているのか不明瞭なままとなる．「たぶん」という言葉を同じ意味で使っている2人であっても，「ありそう」という言葉の意味では1人は40％，もう1人は70％というふうに分かれるかもしれない．また，ある特定の人の「ありそう」も，降雨や失望，ゴールを決める，病気になる，といった評価の対象によって，意味する確率の大きさは異なってくるだろう．

　人びとのリスク認知を理解するには，明快な質問を行い，ふだんふつうに使っている数字で，具体的に回答してもらう

必要がある．その点，確率は日常的な数字であり，評価対象とするできごとを明確に質問すれば，良いできごとにも悪いできごとにも適用できる．表7は10代の若者に，生活の中で起こりうる12の重大なできごとの生起確率判断を求めた結果である．最初の列は彼らの判断がどれくらいうまく先を予測できていたかを示している．1行目の高い相関（0.64）は，1年後も学校に在籍している確率を高く見積もった者ほど，実際にそのとおりになっていることを示す．（最後の2行の死亡確率を除いて）高く確率を見積った者ほど，実際にそうなる確率も高かった．あるリスクを大きいと考えた若者ほど，それに直面するリスクも現実に大きかったということである．

　2列目（確率判断）と3列目（実際の生起率）とを比較することによって，絶対的な大きさとして，10代の若者たちがどれくらい正確にリスクを認知しているかを検討できる．たとえば，女子は全体として，母親となる確率を過小視している（16.0％ vs 25.7％；7行目）．一方，男子は父親となる確率を過大視している（19.1％ vs 13.4％；8行目）．この結果はほかの研究結果とも一致しており，一般に女子は自分が性的な状況をコントロールできると過剰評価しており，男子は自分の性的な大胆さを過大視している．この2項目とほかの項目をあわせ考えると，10代の若者の判断（2列目）と現実（3列目）とは十分に近いので，リスクの大きさに関する正しい情報を与えても，もはや判断は変わらないと思われる．ただし，一つ目の例外として，彼らは簡単に職を得られ

ると楽観視している（3行目と4行目）．これについては，正確な知識を与えることで，中途退学を抑えられるかもしれない．

表7 米国の15歳・16歳の大規模代表サンプルによる，12の重要なライフイベントに対する確率判断．

あなたは以下のことが起こる確率は何％だと思うか？	実際の結果との相関	回答の平均（％）	実際の生起率（％）
1. いまから1年後も，ふつうの学校の生徒でいられる確率	0.64	92.5	79.6
2. 20歳になるまでに高校の卒業証書を受け取れる確率	0.60	94.5	92.0
3. いまから1年後も学校に通うとして，1週間に20時間以上就労している確率	0.29	57.7	27.2
4. いまから1年後には在学していないとして，1週間に20時間以上就労している確率	0.31	80.5	43.9
5. いまから1年以内に妊娠する確率（女性）	0.37	8.9	20.1
6. 来年までに誰かを妊娠させてしまう確率（男性）	0.35	9.4	7.9
7. いまから20歳までの間に子どもの親となる確率（女性）	0.38	16.0	25.7
8. いまから20歳までの間に子どもの親となる確率（男性）	0.27	19.1	13.4
9. 来年までに正当であろうとなかろうと，1回以上逮捕される確率	0.41	10.3	8.2
10. いまから20歳までの間に，拘置所や刑務所で時間を過ごすことになる確率	0.29	5.4	2.8
11. 来年に何らかの原因（犯罪，病気，事故など）で命を落としてしまう確率	ns	18.7	0.1
12. いまから20歳までに，何らかの原因（犯罪，病気，事故など）で命を落としてしまう確率	ns	20.3	0.5

注記：1.0の相関は完全な一致を示し，0は無相関を意味する．"ns"は相関が統計的に有意ではなかった（0とみなされるべき）ことを意味している．
出典：W. Bruine de Bruin, A. Parker, B. Fischhoff, *J. Adolens. Health*, 41, 208 (2007).

二つ目の例外として，10代の若者は自分が翌年には死んでいるリスクや20歳までに死ぬリスクをかなり過大視していることがあげられる（翌年18.7％ vs 0.1％；11行目，20歳まで20.3％ vs 0.5％；12行目）．これは先に述べた自分のもろさについての特異な感覚を反映している．図13はより細かな結果である．米国の10代の約半数は，来年までに命を落とす確率をほぼ0％と回答しているが，残りの半数の人たちはかなり過大な値を回答している．その中でも多いのは50％という回答であり，実際には，これはごく少数の死因にしか当てはまらない非現実的な数字である．ところが，"50％"という数字は，乳がんや（喫煙による）肺がんの死亡率

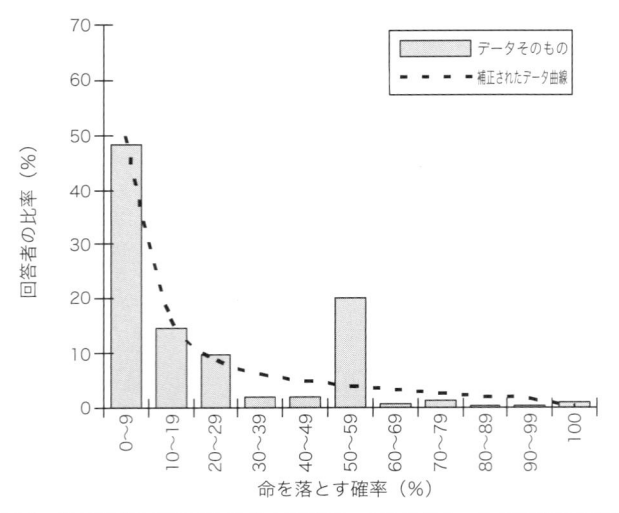

図13　米国の代表的な10代の大規模データにおける，1年以内に命を落とす確率の主観的判断．

といった脅威に関するさまざまな調査でも共通して現れる．人は確率を示せないときや，確率表現をしたくないときに，二つに一つ（や，「わかりません」）という意味で"50％"と答え，そうすることで，額面どおりにそう思ってはいないが，「数字で答えよ」という調査の要求は満たそうとするのである．いずれにせよ，どういうわけかはわからないが，多くの10代は死亡確率を答えられないか，答えたくないかで，その代わりに50％と回答しがちなのである．そのように答える彼らは，確かに確率を0％とは考えてはいないだろう．しかし，50％という判断を言葉どおりに受けとってしまうと，彼らの死亡リスクの過大視をさらに誇張することになってしまう——その部分以外の死亡率推定も高くて心配ではあるのだが……．

観察と推測

　明快な質問を提示する調査研究結果から，一般人のリスク認知は専門家と比較して，先の例のように長所と短所の両方があることがわかった．長所の一つは，人びとがあるできごとの起こる頻度をおおまかにはわかっていることである．このことから，心理的な計数は自動的かつ無意識に行われていると考えられる．たとえば，たくさんの単語を提示して，終わりの音が同じ単語を探し出すという課題を与えておいて，突然，単語の頭文字が何種類あったかを尋ねるという実験がある．実験参加者は単語の終わり部分ばかり注意していたはずなのに，頭文字の異なる単語数をかなり正しく言い当てら

れる．人がこのような頻度推定をどのように行っているかについて，心理学では二つの説明がある．一つは，人は個々の自動車事故や猛暑日を覚えていて，頻度推定が必要になったときに，個別の記憶をざっと振り返って数を出すというものである．二つ目の説明は，できごとの種類ごとに一つの記憶を持っていて，経験を繰り返すごとにその強度が強まるというものである．そして，その記憶の強度から頻度を推定するというのである．

エイモス・トベルスキーとダニエル・カーネマンは，人は自らの観察力を信頼していて，確率推定するときにそのできごとの"利用可能性（心の中での検索のしやすさ）"に依拠して推定するというモデルを提唱している．対象事例が心にどれくらい簡単に浮かぶかに応じて，そのできごとがどれくらい生起しそうかを判断するのである．先に述べたように，発生頻度の心の中での記録がかなり正確なことを考えると，このヒューリスティック（おおざっぱな算出法）は，現実の発生頻度に応じて私たちが見聞きするのであれば，適切な判断をもたらすことになる．しかし，典型性の低い事例でも心に浮かびやすいものがあり，私たちがそのゆがみを補正できなければ，判断はバイアスのかかったものとなる．

利用可能性に応じて判断するというモデルは，図 12 の主要パターンを部分的に説明できる．人が大きなリスクを小さなリスクから区別できるのは，一つの理由としては，大きなリスクはそれだけ多く見聞きしているから，ということで

あった．しかし，非常に大きなリスクと非常に小さなリスクとの差を十分に把握できるほどに，高頻度のできごとに多く接することはないだろう．ある死因は，現実の生起頻度とは不相応に心に浮かびやすく，人はその相対頻度を過大視することになってしまう．たとえば，殺人は死因として，糖尿病の半分の頻度でしかない．しかし，主観的には糖尿病の4倍発生すると判断されてしまうのである．マスメディアは地方の殺人事件まですべて報道するので，殺人事件の記録の利用可能性は高くなるが，一方，糖尿病は死亡記事の中でさえめったに使われることはなく，"長期療養"とか"自然死"という言葉に置き換えられてしまう．このようにメディアの報道が偏っているのは誰でも知っていることである．しかし，その影響を打ち消すには，まず偏りについて考え，さらにその影響力を勘案し，最後にケース数に応じて正確に報道される世界を想像して判断する必要がある．これは，非専門家には無理な要求というものだろう．数量的思考の不得手な非専門家の確率判断を手助けする一つの方法を図14に例示する．

利用可能性ヒューリスティックのバリエーションとして"シミュレーション・ヒューリスティック"がある．これは対象とするできごとが起こっている様子を想像しやすいなら（心の中でシミュレーションしやすいなら），そのできごとは生起しやすいと判断する，というものである．このヒューリスティックにもまた，すぐれた点と落とし穴とがある．落とし穴としては，このヒューリスティックだと，想像しにくい

質問1：偏りがないものとして、1000回コインを投げたとき表が出る回数を推定せよ。（正解：500回）
質問2：1000分の1をパーセンテージにすると？（正解：0.1%）
質問3：1%を割合に換算すると1000分のいくら？（正解：1000分の10）

"さまざまなできごとの確率を表すように、拡大鏡の中かスケールの下に'X'を書いて回答してください。"

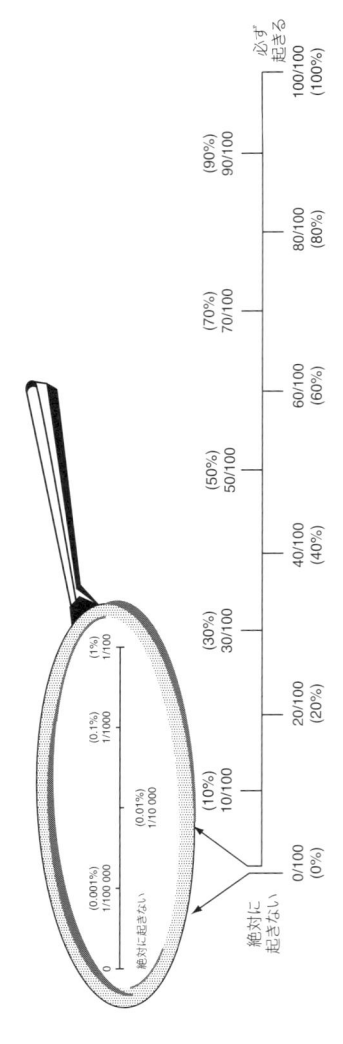

図14 非常に小さな確率判断を顕在化させるスケールと、個人の数量的思考能力を測る3項目スケール。三つの数量的思考能力の質問すべてに間違った人でさえ、拡大鏡を用いることで順序判断ができるようになった。

ものは起こりにくいこと，ということになる．安全と思われている技術や，あるいは，金融システムに壊滅的な事故が起こる様子などは想像しにくいものである．だからといって，現実にリスクがないわけではない．逆に，ありそうもないリスクで，壮大な，想像しやすい物語をつくり上げることもできる．広告というものは私たちの想像力をもてあそび，あるリスクについての生々しいイメージを抱かせておいて，自社製品がそのリスクを削減すると約束するものである（病気の予防，侵入者の阻止，社会不安の回避など）．つくり話であっても，想像しやすく，実世界でも存在するものを構成してみせれば，リスク認知に影響するのである（例として，映画では『ジョーズ』『チャイナ・シンドローム』『アウトブレイク』など）．

利用可能性は，人が不確実なできごとを判断するときに用いる，いくつかのヒューリスティックの一つである．これは必要な知識や確信を得るための資源（能力，時間など）をもたないとき，不完全とはいえ，実用的な判断に導いてくれる．選択ヒューリスティック（第4章）と同様に，それを使うことがつねに有益というわけではない．たとえば，利用可能性ヒューリスティックは，多くを見聞きし，関連する事例を記憶の中に探し回ろうとする人には有益だろうが，経験に乏しく，記憶中の事例を探そうという意欲の低い人にはあまり有益ではないだろう．

別の種類のヒューリスティックとして「アンカリングと調

整」がある．これはp.139で述べたような，アンカリング・バイアスを引き起こすことがある．このヒューリスティックは，数値の推定をする場合に，提示された数字からスタートし（1000人の感電死とか，1gあたり5000円，100人の潜入工作員など），その値を調整して上下させるべき根拠について考え，正しいと感じる数字に達したら調整を終えるというものである．たいてい，スタート後の調整はきわめて不十分で，アンカーに近いところで終わってしまう．結果的に，アンカリングは正解の数字がアンカーに近ければうまく機能するし，また，推定値を安易に正当化せず，間違っているかもしれないと注意深く探るならうまく機能する．2010年の米国での卵の商品回収数を推定するときに，次の三つの（本当の）アンカーからの調整プロセスがどのようなものになるか想像してみてほしい：卵5億5000万個，サルモネラ菌患者1300人，すべての卵の数の1%以下．

　あるできごとを構成する要素の中で，イメージしやすい特徴が"代表的"と思える程度に応じて，そのできごとの起こりやすさを推測するというヒューリスティックがある．これは"代表性ヒューリスティック"とよばれる．たとえば，化学工場の事故というできごとの起こりやすさを考えるとき，イメージしやすい特徴が工場の安全システムなら事故が起こりそうには思えないが，一方，イメージしやすい特徴が危険な化学物質の貯蔵ならば事故が起こりそうに思える．

　さて，実際にはリスクレベルに大きくかかわりながら，さまざまなできごとの特徴としてほとんどイメージされないも

のとして，くり返しの頻度があげられる．人は，自動車運転のリスクについて考えるとき，1回の運転のリスクについて考えやすいものだし，同様に，行きずりの性交渉のリスクについても，サブプライム・ローンについても，"今後永久に閉鎖される"油井のリスクについても1度限りの利用のリスクを考えやすい．そして，それが小さいものに思えれば，そのできごとは安全と判断してしまいやすい．しかし，小さなリスクであってもくり返しが多ければ，累積して大きなリスクとなる（たとえば，生涯にわたっての自動車運転や性的な出会い，また，サブプライム・ローンを抱える業界や油井をもつ業界にとって）．

人がリスク判断において"代表性"を見間違えるほかの要因としては，判断根拠の質があげられる．人びとは質の高さには無頓着なため，断片的な分析にすぎないものを，綿密な分析結果であるかのように感じて納得してしまいやすい．これは，たった1日の極寒日があったからといって長期的な温暖化傾向が否定されてしまうようなもので，自分のライフワークが断片的でしかないデータを根拠に否定されるかのように感じられるため，専門家にとって腹立たしいことである．こういった無頓着の行き着く先が"少数の法則の信念"による判断バイアスである．これは少数のサンプルデータしかないのに，そこからの結果を，あたかも統計的な"大数の法則"を満たした結果であるかのように扱ってしまうことである（大数の法則とは，サンプルの数が大きくなればなるほど，その代表値は母集団の代表値に近づくという法則であ

無作為性に関する認識の誤り

　無作為な処理を行っても，とても無作為にはみえないパターンが生まれ，それを見た人が何らかの原因があると錯覚することがある．たとえば，ロンドン大空襲の折，爆弾は特定の地区を選んで投下されているように見え，どこにいつ避難するのがよいのか，山のようにたくさんの理論が生まれた．しかし，数学者のウィリアム・フェラーが市を地図上で格子状に区切り，区画ごとに投下数を数えたところ，投下に規則性はなく，無作為爆撃であったことが明らかとなった．

　がんにはさまざまな形態があり，懸念される要因群が無作為に存在するように見える場合でも，一定のパターン（家族，近隣，職場などに）を探し出すさまざまな方法がある．ここでもまた，統計分析によって，どの要素が共通の原因なのか（農薬？電磁波？），そして，たまたま見かけ上原因に見える要素が何なのかを明らかにする必要がある．より身近な例でいうと，統計分析から，バスケットボール選手の"ホット・ハンド（神がかったような立て続けの大活躍）"もじつは偶然起こり得るものであることがわかっている．

　統計分析により無作為性が証明されたと納得している人でさえ，パターンの中についつい直感的に意味を求めてしまう．それを避けるために採るべき方法は，できごとを予測不能にしてしまうくらいに多様な原因群を組み合わせて考えることである．たとえば，大空襲では，天候や航空方法，地上の防衛などの影響がそれらの要因であり，バスケットボールでは，シュートの選択，交代，守備体制などの影響をあわせて考えることである．

る).医療の研究では,標準化した方法で検定力分析を行うよう求められるが,これは直感や信頼できない統計に頼ることを避け,分析結果が意味を持ちうるために必要なサンプル数を確定する作業なのである.

サンプル数を無視してしまう極端な例は,単一事例を根拠とすることである.大多数の人びとがある自動車,ある治療法,ある投資に満足しているなら,1人だけ不満足であったとしても——その1人が特別に事態を理解しているというのでないかぎり——問題にすべきではない.もし,ある1人の患者が外来性の伝染病の兆候を示したとき,医師は「ひづめの音を聞いたときは,(珍奇な)シマウマではなく,(通常どおりの)馬であると思え」という格言を思い浮かべる.通常のリスクである可能性を捨て去るには,その根拠はたんなる単一事例ではなく,一般性を備えたものであるべきである.この点,多くのサンプルデータに基づく統計的な平均値というのはとても役に立つアンカーなのである.

メタ認知:自分がどれだけ知っているかを知る

どれだけリスクについて知っていようと,健全な意思決定を行うには,「自分が何をどれだけ知っているか」を知っている必要がある.それがわからない自信過剰の人は気づかないままリスキーな選択をし,事故の兆候を見落としてしまう.逆に,自信不足の人は無駄に警戒して,行動すべきときに情報を集めて考え込んだりしてしまう.判断の根拠の質に

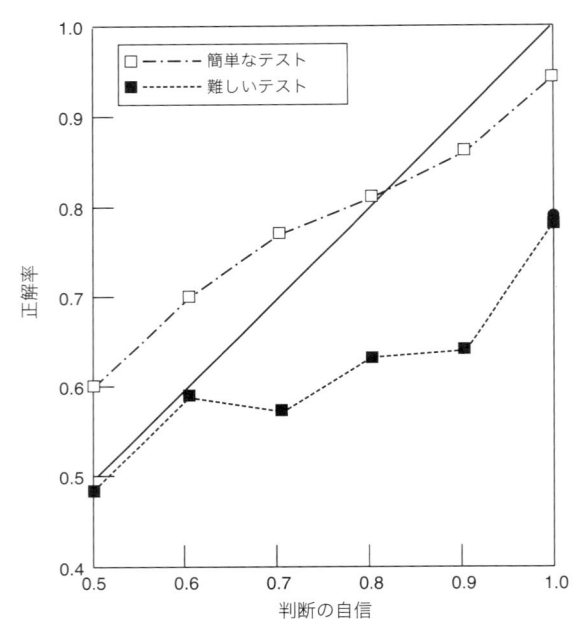

図15 判断に対する自信の適切性．正しいと回答したさいに，実際に正しかった比率．たとえば「死因としてどちらの頻度が高いか？：(a) 殺人，(b) 自殺」などの問題が出された．

無頓着であることは自信過剰になる原因の一つである．図15は，人びとがどれくらいうまく自分の知識を知っているかを探る，代表的なテストの結果である．テストでは二者択一式の質問が提示され，たとえば，「より件数の多いのは (a) 殺人，(b) 自殺のうちどちら？」「アブサンとは (a) お酒，(b) 宝石のうちどちら？」と解答を求められる．その後，参加者は解答を示すだけでなく，自分の解答が正解であ

る確率を（50〜100％の間で）評価するよう求められる．もし，「50％の自信がある」というときの正解率が実際に50％なら，判断と実際の正解率が一致し，理想的なメタ認知ということになる．

　図15では，横軸は正解であると思う確率（自信），として解答された値を示す．縦軸は実際の正解率である．上の曲線は簡単なテストでの結果（総合正解率80％），下の曲線は難しいテストでの結果（総合正解率60％）である．いずれの結果からも好ましい面が見受けられる．それは自信があるほど（右に行くほど），実際の正解率も上がっている（上に行っている）ことである．好ましくない面は，100％の自信があるときでさえ，実際にはある程度間違っているということである．簡単なテストでは完全に自信があるというときでも正解率は90％しかなく，難しいテストでは75％まで低下している．実際，難しいほうのテストでは一貫して自信過剰の傾向が見られる．どの確率においても（50％を除き），解答者は自分の正解率を過大視している．

　こういった自信過剰はしばしば専門家においても見られる（図8，p.88）．もし，このような傾向が一般的なら，「自身を疑え」というのが有効なアドバイスとなる．ところが，図15の簡単なほうのテストでは自信不足の傾向も見られる．50％正解していると思うというとき，実際には60％の正解率であり，自分の知識について若干の過小評価が示されている．こういった場合に自身を疑うと，自信不足をいっそう悪

メンタルモデル

物理的なプロセスについて何らかの推論を行う場合，人はそれまでの生活の中で，学び，観察し，推察したことがらから構成されるメンタルモデルを利用する．これを用いた直感的理論には多くの正しい面もあるが，（コンピュータソフトの欠陥のような意味の）"バグ"によって損なわれることもある．バグは誤解によって生まれるが，見過ごされた事実を組み入れて修正することも可能である．

● 温度設定

バグ：サーモスタットを，望む温度よりも強めに設定することで，部屋をより早く暖めたり，涼しくしたりできる．

事実：システムは設定された温度に達するまで一定の能力でしか作動しない．やり過ぎの設定は望む温度を通り過ごしてしまうリスクがある．

● ラドン

バグ：ラドンガスにより，家屋は永遠に汚染されてしまう．

事実：わずかなラドン濃度であっても危険なのは，放射性同位体が急速に崩壊するからであり，直後の悪影響をもたらして消え去ってしまう．放射性岩石の除去などによりラドンの流入がやめば，問題も消え去る．

● 気候変動

バグ：異常な低気温となる冬があることは，地球が温暖化していない証拠である．

事実：不安定化した気候システムはいろいろな異常気象を生み

出す．しかし，一般的な傾向としては温暖化に向かっている．

● 景　観

バグ：均一な緑の芝生は健康的な環境状況を反映している．
事実：自然環境は多様な種の複雑な相互作用によって栄える．

● 室内汚染

バグ：換気扇で外の空気を取り込むことによって，室内の化学物質によるリスクを削減できる．
事実：換気扇は化学物質を室内で吹き散らすだけである．回転を逆転させると，化学物質を放出できる．

内科医のメンタルモデル

1847年，イグナーツ・ゼンメルヴァイスは，多くの場合致命的となる産褥熱が，医師や医学生によって検死体から妊婦に感染させられているという仮説を立てた．彼は新しい手洗い方法を導入することで仮説を検証し，リスクを削減した．それにもかかわらず，彼の理論は，当時一般的であった疾病についての理論と矛盾するとして，医学界から拒絶されてしまった．ゼンメルヴァイスの死から何年もたった後，彼の考えは細菌理論とともに受け入れられた．病気拡大についての代替となる理論なしでは，彼の時代の医学界はその証拠を認めることができなかった（認めたくなかった）のである．

化させることになる．一般論としては，人は難しい問題に対しては自信過剰であり，やさしい問題に対しては自信不足だといえる．誰かが「少ししか知らない」とか「よく知っている」という場合には，その人は自分の知識を十分に把握できていないと考えてよいだろう．

　人が自分の自信を評価する場合，自分の解答を支持したり否定したりする理由を考えてみるものである．その理由に知らないうちにエラーが入り込めば，その評価も誤ったものとなってしまう．リスク判断においてそのようなエラーは，因果関係推定の背後にある"メンタルモデル"のエラーというかたちをとる．p.156のコラム「メンタルモデル」は，リスクについてどれくらい知っているかがわからなくなってしまうというエラーの例である．「内科医のメンタルモデル」は医療の専門家が，病気についてのメンタルモデルとデータとが調和しなかったがために，明らかな証拠を受け入れなかった例である．

リスク認知と感情

　ヒューリスティックやメンタルモデル，自信過剰などの研究は，第二次世界大戦後の心理学における"認知革命"の流れの中にある．それらの研究においては，錯視の研究が通常の視覚のしくみを明らかにするように，人びとがエラーをおかすような状況を設定し，そこでの行為から通常の思考のしくみを検討するのである．そこで見られるエラーは，正直

で，役に立つこともあり，限定された合理性のもと正しくあろうとして生まれるのである．その一例が利用可能性ヒューリスティックに基づく判断法といえる（p.146）．また，ほかのエラーには自分自身を欺こうとする"動機づけられた認知"を反映したものがある．たとえば，ドライバーが自分の失敗を甘く見たり，患者が医師の意図する以上にその発言から大きな望みを抱いてしまったり，有権者が自分の支持する候補者の失言の弁解をしたり，というものである．

脳機能を可視化，映像化する技術の進展によって脳研究に拍車がかかり，恐怖，嫌悪，喜び，期待といった感情の果たす役割がますます明らかになっている．初期の研究で見出されていた感情の働きの背景にある神経メカニズムを明らかにする研究も進んでおり，人がいかに感情シグナルに順応するかが示されている．たとえば，喜びの表情を短時間見るだけで，次に示されるものがどんなものでも肯定的に評価しやすく，怒りの表情なら逆の効果が生まれやすい．感情状態に応じて経験したことを肯定的に見たり，否定的に見たりする要因の研究も行われてきた．ほかにも，"単純接触効果"は，私たちが，対象を多く見れば見るほど，より好きになる傾向を示している．

心理学者のポール・スロヴィックと共同研究者たちは，自分の感情からリスクレベルを推定するという"感情ヒューリスティック"を提唱している．このモデルでは，感情は思考の真反対の心的要素などではなく，むしろ思考に不可欠の要

素であって，注意を方向づけ，観察内容を解釈する助けとなり，認知や選好を導くものとされる．ほかのヒューリスティックと同様に，感情ヒューリスティックも有益な面とそうでない面とがある．「直感を信じよ」というのは怪しげな性犯罪者を警戒するうえではよいアドバイスとなるかもしれないが，巧妙なペテン師については役に立たないだろう．スロビックは，私たちは感情を乗り越えて，深刻な問題に圧倒されないようにする必要があると主張しており，それによって，たとえば，遠い世界での大量虐殺のような"心の麻痺"が無力感を引き起こす問題に対処すべきだと考えている．

　行動経済学者のジョージ・ローウェンスタインも感情の文脈効果について論じている．ホットな状態（怒り，情熱）と，コールドな状態（おだやか，無気力）とでは，人は意思決定のしかたが違ってくる．ホットな状態では，投資や争いごと，旅行などについて大胆な決定を行ってしまい，落ち着いてから，まずい決定をしたという気分になる．エネルギーが充満しているときには，平常では守れないような約束をしてしまうこともある．一方，コールドな状態では，他者と強いかかわりを必要とするような行動（恋人に迫る，助けを求めて泣くなど）は控えてしまう．

　感情は，注意をどう向けるかを通してリスク認知に影響する面もある．たとえば，怒りは脅威となる人物に焦点を当てさせ，問題の責任はその人物にあると認識させて（たとえば，ウサマ・ビン・ラディン），状況要因には目をあまり向

けなくさせる（たとえば，グローバル化）．また，怒りは計画の邪魔になる要因をぼやかすことで，人を楽観的にしてしまう．2001 年 11 月の実験ではビデオ映像と筆記課題を用いて（たとえば，「あなたはテロ攻撃のどのような側面に最も**怒り**を感じますか？」「なぜ，それに**怒り**を感じるのですか？」と尋ねる課題），怒り，おそれ，心配のいずれかの感情を高めた．実験の結果，怒りを高められた参加者はおそれを感じている参加者よりも，テロによって被害を受けたり，ひどく悩んだりするリスクを 6% 低く評価したのである．

　リスクについての意思決定において，感情はどれくらい重要なのだろうか？　長期的な観点からは，進化上の価値が問題となり，他者の感情状態に順応したり，怒りで楽観的になったりすることで，繁殖上の成功率を高められるかどうかが問題となる．短期的な観点からは，感情の力が強すぎて，それにとらわれ明瞭にものを考えられなくなるかどうか，あるいは判断をゆがめてしまい意思決定の質を低下させるかどうかが問われることになる．ある決定場面ではたがいの選択肢に違いが少なく，先述の実験のように 6% 楽観的になるだけのことが大きな意味をもち，ホットな状態とコールドな状態の間でのように，選択がひっくり返るかもしれない．また，別のケースでは，そこまでの変化は起きないかもしれない．さらに別のケースでは感極まって，まったく思考ができなくなるかもしれない．別のケースでは平静を保つ方法を見つけたり，アルコールの影響で暴行や交通事故のリスクを過小視してしまう前に，飲酒しない運転要員を決めたりして，

自分の感情をうまく管理できるかもしれない．

リスク認知研究の証拠はどれくらい使えるのか，あるいはダメなのか？

　本章のはじめに見たように，私たちはいろいろなエピソードに目をとられ，他者のリスク認知のしかたを間違ってとらえてしまうことがある．それに対して，行動科学研究は実証的な証拠をもたらしてくれる．しかし，行動科学の知見を利用するには，実験室において課される意思決定課題と日常生活での意思決定との違いを理解しておく必要がある．実験室における意思決定は通常，以下の四つの特徴をもつ．

1) 決定は明快に記述され，研究者は，人がどのように決定するのかを知ることができる．その明快さは，日常生活の雑多な要素を取り除くことで，より意思決定の本質をあらわにしてくれるかもしれない．しかし，その雑多な要素に「ほかの人たちはどれを選んでいるか」といった，排除すべきでない重要な文脈要因があるのなら，それを含まない実験室での結果は意義の小さいものとなる．
2) 研究予算が小さいこともあって，実験参加者が参加によって得られる謝礼は，たいてい低額である．そのことが余分なストレスを下げてよい決定をもたらすかもしれないが，やる気をそいで日常の決定とは違ったものになっているかもしれない．
3) 研究は大学の倫理委員会の承認を得ている．したがっ

て，参加者の「騙されているのではないか？」という不安を低減してよい実験データをもたらすかもしれない．しかし，それは人工的な環境であり，得られる実験結果の質を損なっているかもしれない．
4) 実験というものは研究者の関心に即して行われる．もし，研究者の関心が決定バイアスにあるなら，決定の悪い面が強調されやすいだろう．逆に，意思決定の成功の秘訣を探ろうとする研究なら決定のよい面が引き出されやすいだろう．

　実験室であろうが，日常生活であろうが，リスクについての意思決定をどれくらいしっかりと理解できるかは，その人の性質と，決定課題の性質によって変わる．行動科学は，リスクについての意思決定にかかわる要因を明らかにし，リスクについての意思決定の長所と短所をあぶり出す．一つひとつの要因はおのおの小さな真実を表すにすぎず，人間の意思決定にかかわる要件すべてを記述しているわけではない．研究成果が描く人間像は，リスクを扱う存在としての人びとを全面的にすばらしいと称賛するわけではないし，一様にダメだと結論づけるわけでもない．

結論：一般の人びとのリスク認知は鋭敏ではあるが，不完全な推論も含まれる

　リスクについての意思決定は，人びとに，立ちはだかるすべてのことがらに対して専門家であることを求めるかのよう

である．人びとは直感によってこの難題に立ち向かうが，直感は正しいリスク判断をもたらすこともあれば，バイアスのかかった判断に導くこともある．直観的判断はしばしばヒューリスティックによって方向づけられ，そのため，必要な知識や意思決定資源を持たない場合に，人は不完全で，限定された合理性のもと判断を行う．そうした判断の性質は，リスク科学の専門家であっても，しっかりしたデータがなく，推論に頼らざるをえない場合には同じようなものとなる（第3章）．

　全般的に見て，人びとはさまざまなリスクの相対的な大きさは理解しているが，絶対的なリスクの水準を判断するのはかなり苦手である．人びとは，自分たちがどれくらい知っているかということをある程度は理解しているが，自信過剰や自信不足に陥ることもある．リスク認知は多くの場合，筋の通ったものであるが，誤ってひどい選択を導くこともある．そういった誤ったリスク認知は人が愚かだからというよりも，むしろ，適切なリスクコミュニケーションがあれば得られたはずの事実を知らないためそうなったと考えられる．このトピックは第6章でとりあげる．

第6章

リスクコミュニケーション

　私たちがリスクについてしっかりした決定を行うには情報が必要である．しかし，情報は四方八方から飛んでくる．日々のニュースは，飛行機墜落，海上の油流出災害，農薬，水質汚濁，スポーツでの脳震盪，大規模気候変動，洪水，干ばつ，炭鉱の落盤，性的暴行，銃犯罪，戦争，テロ，デフレ，ハイパーインフレなど，さまざまな事件を伝えている．政治家や企業家は私たちがおそれるべきリスク，なおかつ，彼らが解決できるというリスクに目を向けさせたがる．健康や安全の専門家は，リスクを解決するために私たちの食べものや睡眠，運転，スポーツ，性行為のあり方を変えさせようとする．彼らからのメッセージは放送やインターネット，雑誌，さらにはレジ袋の印刷などを通じて届けられる．また，リスクについての情報は保険契約や商品ラベル，映画の筋書きの中に組み込まれているし，友人や家族，医師，自動車整備工との会話の中にも見受けられる．私たちに向けてメッセ

ージが送られるだけという一方的なコミュニケーション形態もあれば，意見交換会や討論型世論調査，さらにはスウェーデンで原子力について検討した，あるいは，英国で遺伝子組換え作物について検討した国民対話のような，公衆からのインプットを求める双方向的なコミュニケーション形態をとることもある．

　リスクについてのコミュニケーションは，個人としての，社会としての，さらには自然の一部としての，私たちの存在にとって最重要の問題を扱っている．リスクコミュニケーションがうまくいった場合，私たちの生活は改善し，自身の生活に関してよりしっかりした決定を行えるようになり，公衆主導の政策決定に十分な態勢で参加できるようになる．ほかのコミュニケーションと同様，リスクコミュニケーションは個人と個人の間の社会的契約を体現している．社会的契約の理想形の一つは，たがいに尊重し合い，協力し合う双方向的なコミュニケーションを通じて結ばれるものであり，個人の権利が認められ，必要な情報が届けられるコミュニケーションでもある．

　過去半世紀以上にわたって，まさにそのような社会的契約を尊重し，自身の幸福に深くかかわるリスクの意思決定に参加する権利を求める運動が進められてきた．患者団体は，医師の協力を得ながら自身で治療法を選択すること，病院の実績を評価すること，治療記録の個人情報を保護することなどを主張してきた．環境保護団体は諮問委員会，グリーンラベ

ル制度，独立した審査組織の設立などを要求してきた．個々の決定は，社会における権力のバランスを反映するとともに，それらを形づくってもいて，上記の権利が保障されているかを検証することになる．その結果，こういった運動の参加者たちは，自分が関係するコミュニケーション活動が関係者に必要な情報を届けているかどうかを自然に問うようになってきた．もちろん，情報をコントロールしようとする者は別の意図を腹に隠していることがあり，それは自社商品を買わせることや，節約させること，食生活を変化させること，あるいは汚染を受け入れさせることなどかもしれない．しかし，その意図がどのようなものであれ，もし，リスクコミュニケーションが期待を満たせない場合，情報提供者は，公衆を激怒させるというリスクに自らをさらすことになる．

　本章をはじめるにあたって，お粗末なリスクコミュニケーションがどれだけのコストを課すことになるのか，そして，その原因は何なのかを教えてくれるいくつかの事例を紹介する．その後，リスクについてのよい意思決定を促すための"内容"と，意思決定において公衆の役割を高める"プロセス"の双方において，公衆のニーズを満たすコミュニケーションには何が必要なのかを考える．

不幸なリスクコミュニケーション

　ハリケーン・カトリーナは多くの人びととブッシュ政権にとって，悲劇的な運命の分かれ目となった．台風の襲来前，

最中，そして事後の欠陥だらけのコミュニケーションは，その惨事の中でたいへん大きなウェイトを占めるものとなった（下のコラム）．しかし，そこで生まれたドラマや被害の大きさは別として，コミュニケーションの失敗そのものは何ら特別なものではない．新聞を広げると，人の命と組織の評判を危機に陥れるお粗末なリスクコミュニケーションが毎日のように目に入ってくる．

リスクにさらされる生命と評判：ある事例研究

ハリケーン・カトリーナに対するブッシュ政権の対応は，多くの住民が自分を守るための情報を与えられず放置された公衆衛生コミュニケーションの失敗例といえる．たとえば，ある住民たちはニューオーリンズを守る堤防が完璧だという主張に惑わされた．ある住民たちはリスクをわかっていたが対処行動がとれなかった（自力で移動できない障害をもつ人など）．ある住民たちは，もし避難した場合，生計に不可欠な福祉小切手の支給がどうなるか確証が得られなかった．また，ある住民たちは，放っては行けない家族がどうなるかについての情報が得られなかった．

カトリーナは，政治的コミュニケーションの失敗例でもあり，政権への信頼を失墜させた．現実的なアドバイスが必要な状況なのに，住民が耳にしたのはブッシュ大統領の自己中心的なメッセージであり，最も記憶されているのは自らが指名した緊急対応指揮官マイケル・ブラウンを称賛する「ブラウニー，君の仕事ぶりはすばらしい」という発言であった．実際には混乱

本書執筆中（2010〜2011 年）に米国で起こった例としては以下のようなものがある；

- H1N1（豚インフルエンザ）ウイルス感染拡大の危機に緊急対応する中で，公衆衛生担当の当局は，一方では十分なワクチンが足りないと批判され，他方ではワクチン接種を強制したと批判された．
- 政府特別委員会は 40 歳代の女性への乳房X線撮影検

した緊急事態への対応責任を負っていたのはブラウンよりも，州や地方当局だったのだが，世論の裁きにより政権は大きな痛手をこうむった．とくに，2001 年の同時多発テロ以降，米国国民を守る体制を固めてきていた中で，この痛手は大きかった．

すべての組織は自らの政策を進めるために政治的なコミュニケーションが必要になる．しかしその前に，公衆衛生上の責任を果たすことなしには，リスク管理組織は正当性をもって事態に当たることはできない．政治の世界では，ものごとを都合よく言いつくろってその場の成功を収めることがある．しかし，リスク対応では事実こそが重要であり，過酷な状況での調子のよい言葉は，災害で傷ついている人をさらに傷つけることになる．

結果として多くの人びとを危険な状態に陥れてしまうことは，これまでにも多くの政権が演じてしまった最も基本的なコミュニケーションの失敗である．ニューオーリンズでは，住民も役所も自分たちが直面している危機を把握していなかった．その結果，カトリーナが襲ってきたときには，自分たちでやれること，言えることにはもはや限界があったのである．

査は減少させるべきとの答申を発表したが，12年前に同じような論争があったにもかかわらず，世間の批判的な反応に驚いた．
- 家庭へ"情報処理能力つき"電気メーターを導入しようとする革新的な計画に対し，消費者はプライバシー侵害と開示されていない健康リスクをおそれて，反対姿勢を示した．
- 特別委員会は，国土安全保障省の色別テロ警戒システムに対して7年間の使用実績にもかかわらず，「公衆の信頼を得られていない」と結論づけた．
- 別の特別委員会は，原子力"復興運動"へ導こうとしたが，金持ちの支持者しか参加できないような意見交換会を開いたと批判された．

いずれのケースにおいても，情報をもっていた主体は，「公衆に十分な情報を伝えようとしたのか」，あるいは「善い意図をもって情報を届けようとしたのか」が問われている．理由はどうあれ，彼らがつまずくと，反対勢力はその失敗を喜んで吹聴する．ブッシュ政権に対抗していた人びとはカトリーナの一件を引き合いに出し，台風の経路に住む人びとに対する政権の無関心を示すものと主張した．オバマ政権に反対する人びとは乳房X線撮影検査のガイドラインは健康管理水準を低下させるものであり，また，衰弱しすぎて治療に値しないかどうかを判定する"死の審議会"もその一環だと断言する．ある財務アナリストの推定によると，企業の70％の市場価値は無形資産によるもので，それらは信用や評判

で成り立っているという．不適切なコミュニケーションを行うことは，必要な情報を提供する気がないか，その能力がないとみなされてしまうことになり，信頼を損ね企業価値を低下させてしまう．不適切なリスクコミュニケーションも同様に，政治的な価値を損ねてしまうのである．

　いくつかのリスクコミュニケーションの失敗の背景には，行動科学によって明らかにされてきた共通の問題点が見られる．たとえば，情報の送り手は自分の考えが一般常識であると過度に考えてしまう傾向があり，その結果，説明不足になりがちである．同様に，自分の意図をうまく伝えていると過大評価する傾向もあり，その結果，他者が行間を読んでくれるはずだと過剰に期待する傾向がある．人は，自分がそうせざるをえなかった状況を他者もよく理解してくれているとはずだと過大に思いすぎ，その結果，自分の行為の理由について，説明を怠ってしまう傾向がある．こういったリスクコミュニケーションを行うさいのバイアスは"人だからこそ"生じるものであり，自分は伝える義務を十分果たしたと誤って信じ込みやすい（たとえば，H1N1 ワクチンや乳房撮影検査のリスクとベネフィットについてがそうであった）．

　リスクコミュニケーションはほかにも特殊な難問に直面する．そもそもリスクコミュニケーションにおいては，リスクの内容について山のような技術的情報の中から少数の重要な事実を抽出し，専門家ではない人にも理解できるように表現しなければならない．また，そのプロセスにおいて，専門家

と意思決定を行う専門家ではない人びととの間の溝を埋めなければならない．両者はしばしば，価値や社会的地位，生活経験の点で大きな違いを抱えている．リスクコミュニケーションは"科学の闘争"を産むことがあり，各グループが自分たちに都合のよい事実を選び，論争をつくり上げ，先手をとろうとする．たとえば，大規模気候変動や遺伝子組換え作物，ワクチン接種などに関しては，敵対するグループがそれぞれ別の科学を引き合いに出して論争する，という様相を呈している．

　専門家も，一般市民と直接やりとりする機会が得られるなら，人びとにとって何が問題で，それについてどのように伝えればよいか学ぶことができるだろう．しかし，そのような機会がないと，専門家は一般市民が何を知りたいのか，どんなことをすでに知っているか，そして，そこに向けてどのようにメッセージを送り出せばよいのかを想像するしかない．もし，その想像が間違っていると，専門家は広く聞き手を失うことになり，「なぜ友人や家族はわかってくれるのに一般市民は理解してくれないのか」が理解できないままとなる．こういった，彼らにとってはわけのわからない失敗がフラストレーションとなって，専門家は一般市民をないがしろにする態度に陥ってしまいやすい．誤解されたいと願う人などいないし，とくに，理由もわからず誤解されるとしたらいっそう耐えがたいものである．次節では，リスクコミュニケーションについて五つの例をとりあげ，コミュニケーション実行の技術的側面と社会的契約の履行の両面について，どうす

れば情報提供義務を果たせるのかを説明する.

デザインしだいで良くも悪くもなる

栄養成分表

　栄養成分表はたいていの食品のパッケージに表示されていて, どこにでもあるありふれた, そして, 世界で最も広く提供されているリスクコミュニケーションといえる. 内容については好ましい点がたくさんある. 栄養成分表が提供するのは, リスク（塩分, トランス脂肪酸）とベネフィット（タンパク質, ビタミン, 食物繊維）であり, 明確な量ごとに（gあたり, 1人分など）, 場合によっては便利な形式を用いて表示され（1日所要量のX％といった）, 正確さに関しても規制当局が保証する情報が示されている. 標準的なフォーマットが確立しているので, 消費者は一つのラベルの見方を理解すると, ほかのラベルの見方もわかるようになる.

　しかし, 栄養成分表の見方を習得するのは容易ではない. 消費者は推奨されている量が上限なのか（脂肪, 塩分）, 下限なのか（ビタミン D, B_{12}）, あるいは両方なのか（男女別の鉄分必要量）を知らねばならない. 消費者はそれぞれの成分がどれくらい自分の健康にとって重要かを理解しなければならない. また, 感覚的にピンとこない表示を読み取らねばならない（マンゴーチャツネ 15 g, タンパク質1日所要量の 13％など）. さらに, 栄養があるという主張の背後にある科学をどこまで信頼するかも考えねばならない. たとえば,

コレステロールを多く口にすると，それに応じて身体内の生成は減少すると主張する科学者もいるし，生体にとってのビタミンやミネラルの吸収率を問題視する栄養学者もいる．もし，こういった科学の不確実性を知ることで消費者の選択が変わるなら，表示ラベルは十分に情報を与えていないことになる．しかし，科学的に不確実な情報までを付け加えることはデザイン上の難題をもたらす．それをすると表示ラベルはごちゃごちゃしたものとなり，見た目が悪くなるからである．同様に，アレルギー源（大豆，ピーナッツ）についての情報を加えることは，それらアレルギーのある人には有益だが，それ以外の人にとっては自分に必要な情報を見つけるのが難しくなり，ラベルの有用性を下げてしまう．また，ラベルには雑然とした売り場の中で読んでもらわねばならないという難題があるし，食べものの購入と食事という当たり前すぎる習慣と切り離して栄養表示を読み解いてもらわなければいけない．そのため，レストランで栄養表示を行っても，食事に関する行動にはほとんど影響しないことは驚くに当たらない．影響があるのは，オーナーが積極的に健康的な食事を勧めるレストランくらいなものである．

　製造業者は，多くの場合ラベル表示を避けたがる．とくに，それが商品の弱点を明らかにしてしまうような場合にはいっそう強く抵抗する．実際，栄養成分ラベルが与えた最も大きな影響は，ラベルの情報から商品の印象が悪くならないよう，製造業者が商品の中身を改良したところにあるという．栄養成分表にある個々の項目は政治的なかけひきの結果

として表示されることになったものだが，塩分やトランス脂肪酸含有量など，食品について消費者が"知る権利"を持つことを明らかにできたという面もある．しかし，先述のようにラベルデザインはシンプルであることが求められるため，消費者がこうして勝ちとった"知る権利"の真価が必ずラベルに反映されるとは限らない．米国の消費者は牛肉がBSE（牛海綿状脳症）検査を受けているかどうか知る権利を得ていない．その理由の一部は，英国の経験を踏まえ，「そのような情報提示をすると消費者にリスクを過大視させることになる」と食肉製造業者が巧みに訴えたからである．

薬剤情報欄

　図16は食品の栄養成分表の手法を処方薬のコミュニケーションに適用したものである．ここでも，ベネフィット（「ルネスタ®（不眠症治療薬の一つ）は有効か？」）とリスク（「ルネスタ®の副作用は？」）が必要とされる定量的な表現で示されている．したがって，あいまいな表現，たとえば「ルネスタ®が有効な人もいれば，不快になる人もいる」というような文章は使われていない．測定基準も明確である（何分で眠り込むか）．表は商品である薬品だけでなく，二つの対象——その薬品と偽薬（ただの砂糖錠剤）——を比較するかたちをとっており，それぞれの効果の絶対量の差を計算し，比較できるようになっている．絶対リスクレベルがわからないまま相対リスクを計算してもほとんど意味がないので（たとえば，口の中が気持ち悪くなるケースが4.3倍ある，というように），この表ではそのようなやり方はとらない．

成人向け不眠症治療薬ルネスタ®（エスゾピクロン）薬剤情報	
本薬剤情報の目的は？	ルネスタ®のベネフィットと副作用を説明し，本薬剤を服用するかどうかの判断にお役立ていただく
何に効く薬か？	不眠症状の緩和――1カ月以上，就寝および眠り続けることに困難がある場合
服用対象者は？	不眠症状のある18歳以上の成人
注意事項は？	本薬は運転中の眠気や性格上の変化（非物質的な攻撃性）といった，普段にはない状態を引き起こすことがあります
ほかの選択肢は？	カフェインの摂取を抑える（とくに夜間），運動をする，就寝時間を固定する，昼寝を避ける，ほかの処方薬あるいは市販薬など

研究結果：ルネスタ® vs 偽薬		
不眠成人788名――1カ月以上にわたって睡眠時間が6.5時間以下か，寝入るのに30分以上必要な方――が6カ月間ルネスタまたは偽薬を服用した結果		
ルネスタ®の**効果**は？	偽薬 （薬なし） 195人	ルネスタ® （毎晩3 mg） 593人
ルネスタ®は役に立つか？ 　寝入り時間が15分短縮 　睡眠時間が37分伸長	寝入りに45分 5時間45分	寝入りに30分 6時間22分
ルネスタ®の副作用は？ **重大な副作用** 　ルネスタ®と偽薬に差はない	現時点まで症例報告なし	
副作用の症状		
口中の不快感（薬により20％増加）	6%	26%
めまい（薬により7％増加）	3%	10%
眠気（薬により6％増加）	3%	9%
口中の乾き（薬により5％増加）	2%	7%
むかつき（薬により5％増加）	6%	11%

制限事項：本調査および食品医薬品局が実施した小規模な二つの調査では，ルネスタ®服用により休息感を得たり，機能上昇を感じたりすることはなかった．

本薬のこれまでの流通期間は？：ルネスタ®は1200人対象の調査結果に基づき食品医薬品局により2005年に承認された．ほかの新薬と同様，重大な副作用が起こることはまれであるが，多くの人が利用することになる市場への流通後に現れることもある．

図16　薬剤情報欄の一例．

リスクが倍増するといっても，0.01％が0.02％になるのと，10％が20％になるのとではまったく意味合いが違ってくるからである．

　薬剤情報には「ほかにどのような選択肢があるのか？」という情報も加えられている．ほかの選択肢については，統計情報は示されてはいないものの，薬品を服用する前に症状への一般的な"対処法"を思い起こしてもらうには十分な情報であろう．また，情報欄には有効性の証拠がどれくらい適切なものかも示されている．ただし，健康な成人788人の臨床試験結果と，2005年以来の利用者の経験からどんなことが言えるかを理解できる程度の専門知識が必要にはなる．

　情報欄の項目を決めるに当たって，利用者によるリスクの意思決定において最も重要な情報が何かを明らかにするための，情報ニーズの形式分析が実施されてきた．リスク認知研究の知見も情報欄のデザインに一役買った．米国人の代表的なサンプルを用いた実地試験でも，たいていの人が情報欄からよりよい選択を行うための情報をうまく引き出せることが明らかとなった．ほとんどの人がこの薬剤情報欄のデザインを好み，このような結果は，現在処方薬に添付されている細々とした"消費者医薬品情報"が患者からの評判が劣悪なのとは対照的である．そういったまずいコミュニケーションがいつまでも続くのは，利用者ニーズに応えようしないこと（政治的な側面）と，どうすれば応えられるか知らないこと（デザイン的な側面）の両方が原因となっている．

> ## コミュニティとコミュニケーション
>
> 社会の成熟度をテストする一つの方法は，最も弱い人たちが必要な情報を得られるようになっているかどうかを問う，というものである．デトロイトに住むアフリカ系高齢ホームレス女性について社会福祉研究を行うデイビッド・マクスリー教授は，彼が調査対象とする女性の多くが薬物情報欄（図16）の内容を理解できるのだけれども，生活が混乱していて，それらの情報へ注意を払い続けられないことを見出した．そして，もし，彼女たちが保護され誰かの助力を得られる状態なら，うまく情報を利用できるだろうと考えた．そこで心に描いたのが，十分に訓練された専門のサポーターが，医者とのやりとりを手伝うという状況であった．たとえば，専門のサポーターが「薬を見せてください．薬物情報欄によるとこれは関節炎向けの薬です

一般的なコミュニケーションとしては最良であっても，それがすべての人にうまく機能するわけではない．上のコラムは自分自身では必要な情報を得られない人を，それができる人と結びつけてサポートする方略を示している．

ワクチン

薬物情報欄は個々人の意思決定のために情報を与えようとするものであり，その薬物がある人には有益でも，別の人にはそうでないことを前提としている．一方，ワクチン接種のさいに受けとる情報シートは"接種を受ける"と意思決定していることを前提としている．そういった違いはあるもの

> が，あなたにはそのような症状がありますか？ 1日2回服用とありますが，できますか？ 副作用の一つにめまいとありますが，そんな経験はありませんか？ こういったことを一緒に書き出して，お医者さんに見てもらいましょう」というふうに手助けするのである．
>
> マクスリーの提案はコミュニティの人的資源を活用して，薬物情報欄の有用性を拡張しようというものであり，援助できる人を，その援助を必要とする人につなぐ試みである．社会は，間に誰かを介せば，誰もが，リスク情報をきちんと解釈できる人にたどり着ける状態を実現すべきだろう．信頼できる情報や，アドバイスを必要とする人と専門家とを取りもつ有能な情報解釈者として，ソーシャルメディアがこういった役割をある程度担えるかもしれない．

の，情報シートは**非説得的コミュニケーション**の理念を反映しており，事実をもって語らせるという考えに基づいている．その結果，情報シートにはベネフィットとリスクが示され，次ページのコラムで抜粋されているように，それらはたいてい定量的に表現されている．それでもなおワクチンについてのコミュニケーションには難しい問題がある．たとえば，三種混合ワクチンと自閉症との関係についての論争に対応しなければいけないし，また，初期の推進者たちがいまだに社会的信頼をおとしめるような非難を受けたりするのである．

ワクチン接種のさいに行われるコミュニケーションは情報

黄熱病ワクチンのリスクは何か？

　ワクチンはほかの医療と同様，重篤なアレルギー反応など深刻な問題を引き起こす可能性がある．ワクチンは重篤な障害や死をもたらすことがあるが，そのリスクはきわめて小さい．

　黄熱病ワクチンは，最初の接種に比べると，追加接種後に反応が出ることはあまり考えられない．

● **比較的軽い症状**
  A.　注射箇所がひりひりする，発赤，腫れ
  B.　発熱
  C.　疼痛

接種直後にこれらの症状が現れることがあり，約5〜10日間続く．ワクチンを受けた人の約25％にこれらの症状が現れる．

● **重篤な症状（届け出に基づく推定値）**
  D.　命にかかわるアレルギー反応（約131 000回の接種に対して1例の割合）
  E.　重篤な神経系反応（約150 000〜250 000回の接種に対して1例の割合）

（出典：http://www.cdc.gov/vaccines/Pubs/vis/default.htm#yf）

内容を伝えるのには十分といえるが，ワクチンの受容に必要な信頼を築くことにはなかなか成功していない．懐疑論者は医師の報告に基づいた副作用リスクの評価を疑問視している．具体的には，医師が症状を見落としたり，わかっていながら報告を面倒がって無視したりするので，届け出方式の監

視・調査ではリスクが過小評価されてしまうというわけである．また，別の懐疑論者は一つひとつのワクチンは信頼できても，それらを一斉に接種することを疑問視している．ワクチンを推進する側はそういった懸念に対する返答を持ってはいるが，それらは情報シートには記載されていない．情報シートを頼りにする人たちは推進者たちの返答を知ることはできないし，推進が正当である証拠があってもそれらに接することができない．

逆に，懐疑論者のリスクコミュニケーションはそういった不安をわかりやすくとりあげる．彼らは専門用語ではなく，日常的な言葉を使う．その結果，ネット上を検索すると彼らの主張に容易に出会うことになる．そのメッセージは，ワクチンに起因する健康被害を生々しく語るものであり，主張する内容が反証されたり，あるいは忘れられたりした後でさえ，長きにわたって印象に残るような言葉で伝えられる．それに対して推進派の公衆衛生コミュニケーションでは，ワクチンの成功に関して感動的なドラマを語ることは許されず，無秩序な論争において彼らの主張は印象に残りにくいだろう．

米国政府は2009〜2010年のH1N1（豚インフルエンザ）ワクチンのキャンペーンを進めるに当たって監視・調査システムを強化し，ワクチンの副作用について信頼されるコミュニケーションを行うために，その基盤となる証拠を集めていた．ワクチン・キャンペーンは（上記のように）当初，論争

の的となったものの，静かに収束した．幸いにも，ワクチンの副作用もインフルエンザの毒性も弱いものであった．しかしながら，もし何か問題が発生していれば，ワクチンの副作用についてのより確かな証拠に基づいて，公衆衛生当局は住民が意思決定をするのに必要な情報を提供できていただろう．同様に，それらの証拠は当局自身が下さねばならない決定（たとえば，感染者が出た場合に学校を閉鎖するかどうか）の助けにもなったはずである．いずれにせよ，初期の論争がリスクの科学に変化をもたらし，よりよいリスクコミュニケーションを行うために，必要な証拠をそろえようとするようになったのである．

性的暴行の防止

　ワクチンについての決定は明白な二つの選択肢（注射する，しない）と起こりうる明白な二つの結果（伝染病を発症する，注射で病気になる）で構成される．しかし，より複雑な意思決定もあり，その一つとして，女性が性的暴行のリスクを低下させようとするときに直面する決定があげられる．女性は，多様な状況に対処する方法についてコミュニケーションを必要としている．たとえば，自分を取り巻くリスクへの対処法（いつもの道を変える，護身術を身につける），脅威的な状況への対処法（不穏なパーティーに参加しない，おかしな行動に異議を唱える），実際の暴行への対処法（身体的に抵抗する，「火事だ！」と叫ぶ）など，多様な選択についてのコミュニケーションを必要としている．女性はこういった選択によって，価値をおくことがらを損なう（暴行さ

れる，ほかの負傷，精神的な傷害，法システム上の問題，自由の制約）影響がどのようなものか比較検討したいと願うだろう．しかし，それら選択と結果とを結ぶ不確実性が高すぎて，何か事が起こった後でさえ，自分の選択で結果がどう変わっていたのかわからないこともある．「あの怪しい男はどのみち暴行することを止めていたのでは？」「あの男には本当に悪意があったのか，それともたんに鈍いだけだったのか？」という具合である．

防護法の効果がどれくらいかを伝えるのは，それについての証拠があれば難しいことではないはずである．しかし，性的暴行被害者のためのカウンセリング方法とか，社会による烙印づけについての研究は多いものの，自己防護対策の有効性についての研究はほとんどない．証拠がなければ，あるのはたんなる主観的な意見だけとなり，女性がどのような決定をすべきかについて根拠のない主張を伝えることになる．そういったコミュニケーションには明示的なものもあれば（「反撃せよ」「付き添いを連れよ」「地味な服装でいよ」），社会制度に組み込まれているものもある（警察に対性暴力班が設置されている，とか，法廷での被害者の扱われ方など）．そして，しばしば，それらのアドバイスは相反している（身体的に抵抗すべき/すべきでないなど）．アドバイスが矛盾する一つ目の理由は，専門家がそれぞれに異なった不完全な証拠に依拠していることにある．たとえば，警察は，被害者を身体的抵抗に失敗した女性とみなし，身体的な抵抗を推奨する．一方で，性暴力被害センターの係員は違った観点を

もって被害女性をサポートし,別の結論にたどりつく.矛盾したアドバイスの二つ目の理由は,専門家が自分の価値観を他人にも適用してしまうことによる.その結果,身体的な安全に焦点を当てる専門家は,心理学的な影響を重視する専門家とは違ったアドバイスをすることになる.

　同じような問題が,米国の多くの大学に設置されている女性のための自己防衛講座の失敗にも現れている.講座は女性の自信を高めているかもしれないが,実際の性的暴行のリスクを低下させる内容にはなっていないようである.講座の明らかな欠点として,知らない他者に対する判断に焦点を当てすぎていることがあげられる.むしろ,女子学生は,自分を守ることと人間関係を良好に維持することとのバランスに苦慮するうちに,見知った男子学生に問題を引き起こされることのほうが多い.講座はその対応に焦点を当てるべきなのである.ここでもやはり,明確なアドバイスの根拠となる研究成果が不足している.

　リスクコミュニケーションによって,自信ばかり高められても,実際に適切な選択をする能力が高められなければ何にもならない.実際にはそれほどでもないのに,自分はリスク事態を管理できると過剰に思い込んでも,事態を悪化させるだけである.アドバイスに矛盾があるということは,悪く言うと,女性がどんな選択をしようとも,誰かしら"専門家"がちゃんと違ったアドバイスをしていたのに,と女性を責めることになる.証拠を欠いたアドバイスは欠陥品であり,社

会が証拠を生み出せなかったことや，女性が必要とする安全を提供できないことと同様に問題なのである．

安全保障や諜報にかかわる情報分析

多くのリスクコミュニケーションは幅広くさまざまな相手に向けて行われるが，安全保障や諜報の一環としての情報分析はしばしば唯一の意思決定者のために実施される．熟練の分析家であるシャーマン・ケントは『確率評価の言葉』というエッセイの中で，あいまいな数量化は分析の価値を損なうと主張している．その一例として，1950年代にソ連がユーゴスラビアに侵攻する可能性を分析した，米国の情報当局の"深刻な確率"という言い回しをあげている．この言い回しがどれくらいの確率を意味するかを分析家たちに尋ねたところ，答えは20〜80％とリスクの幅が広く，そうなると対応する米国の政策も変わってきてしまうのである．

ケントは，国家安全保障に関するリスクコミュニケーションは分析結果についてだけでなく，その信頼性についても明確に示さねばならないと主張している．「判断を誤るな，そして，判断を誤りなくわれわれのものに！」．ケントによるとユーゴスラビアの事例では結論は慎重なものであるべきだった．なぜならソ連はまだ決定を下しておらず，アイゼンハワー大統領の出方を待つ段階だったからである．彼は，分析の専門家も素人同様に数量化された予測を得たがるが，自分が予測するときには言葉による予測を好むことを明らかにしている（第5章）．

イラク戦争前，情報の正確さが過大評価されているという申し立てに対し，米国国家情報長官室はケントのような懸念

情報分析における不確実性のコミュニケーション：評価のことばについての説明

　私たちは，**判断する，査定する，評価する**，といった言い方をし，確率についても，**たぶん起こりそう，かなり起こりそう**，といった言い方をして，分析による評価結果と判断を伝えようとする．それらの言葉じたいは事実でもなく，また，証明でも知識でもない．それらの言葉は，私たちが「あることが事実である」と，あるいは「ある二つのことがらに関連がある」と，分析によってどれくらい明らかになったかを伝えようとする手段である．

● 起こりやすさの評価

　分析によって導かれる判断は確実なものではなく，そのため私たちは確率表現の言葉を使う．それらはある事実やできごとの起こりやすさについての，情報分析の専門家コミュニティにおける独自の評価法に基づいている．**たぶん起こりそう，かなり起こりそう，非常に起こりそう，ほぼ確実に起こりそう**などの言葉は偶然以上に発生するという見通しを意味している．**あまりなさそう，まずなさそう**などは，あるできごとが起こる確率が偶然よりも低いという見通しを意味している．しかし，絶対に起こらないというのではない．**かもしれない，おそらくありうる**，という表現は，一般に，必要な情報が得られないか，不完全である，断片化している，という状況で，起こりやすさの推定ができない場合に用いられる．可能性を**退けてはいけな**

に対処すべくリスクコミュニケーションの手続きを修正した．コラムにはその結果として生まれた，あるできごとが起

い，排除すべきではない，無視できない，という表現は，「起こりそうにない，まずありえない，けれども，もし起こったときの結果は重大で考慮に値する」ということを示している．

● **評価の信頼**

私たちの査定や評価は情報に支えられているが，それらの情報は適用範囲や質の高さ，さらに情報源が何かなどによって幅がある．そのため，

A. **高い信頼性**とは，一般に，判断が高品質の情報に基づいたものであり，かつ／または，対象とすることがらが堅実な判断ができる性質のものであることを意味する．しかし，"信頼の高い"判断であっても，それが事実とか確実ということではなく，そういった判断でさえ誤る可能性を含んでいる．

B. **中程度の信頼性**とは，一般に，基盤となる情報が信頼できる情報源から得られ，ある程度確かであることを意味する．しかし，より上位の確信となるほどの質の高さや十分な確証がないことを意味している．

C. **低い信頼性**とは，一般に，情報の信頼性や確からしさに疑問があるか，あるいは堅実な推定を行うには情報が断片化しすぎていて，貧弱な証拠しか得られていない，あるいは情報源に関して重大な懸念や問題があることを意味する．

（出典：Office of the Director of National Intelligence（2008））

こる予測と，その予測がどれくらい確信できるものなのかを表現する方法を示している．この精緻化された言語数量化システムが，ケントが指摘した"深刻な確率"という言い方よりもよいコミュニケーションとなっているかどうかは実証的な検討課題である．もし，そうなっていなければ，政策立案者は，うまく過剰評価を回避したはずの分析に，やはり過剰な信頼をおいていることになる．もちろん，フィリップ・テトロックが政治分析の結果から見出したように（第3章），たとえ予測の解釈が適切であっても，政策立案者が過剰な自信をもっていれば，やはり判断は間違ったものとなりうる．

　政策立案者は分析者に対してより明確な予測を出すよう要求できるが，ふつうの人びとにはそのような機会はない．英国の場合，たとえば"テロの脅威"についての情報分析の結果は5段階に翻訳される：**低い**（攻撃はなさそう），**中程度**（攻撃はありうるが，ありそうというほどではない），**高い**（攻撃は高い確率），**厳重**（攻撃の見通しはかなり高い），**危機的**（攻撃は差し迫っている）の五つである．こういった表現は，それぞれの警戒レベルに応じた非常事態計画が事前に設定されている関係当局には十分な情報となるが，子どもを登校させようかどうか迷っている親にとっては不十分である．このケースでは，あいまいさはテロの起こりやすさについてだけでなく，予測されるできごとについてもからんでくる（"攻撃"とは正確にはどんなことを意味するのか？）．

　米国の国立気象局はかつて，予報の確率表現の意味がわかりにくく，それが公衆に混乱をまねいていると考えて，確率

核爆発の情報をとらえよう

1. すぐに何かで身体を覆い，できれば地下に待避してください．遮へいやシェルターはどんなものでも爆発や衝撃波からあなたを守る役に立ちます．

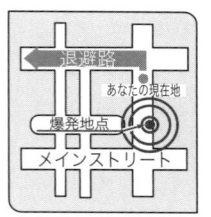

2. その地域から脱出できるかどうかを考えてください．

3. あるいは，建物の中に入り，あなたの"その場での避難"計画に従ったほうがよいかもしれません．

http://www.ready.gov/america/_downloads/nuclear.pdf

免責事項

このサイトで提供した情報が不正確，不完全，旧来のものであってもわれわれは責任を負いません．このサイトで提供されている材料は一般情報にすぎず，サイトの内容を信頼するかどうかは自己責任において判断してください．われわれはこのサイトの情報を変更する権利を保持しますが，情報を更新する責任は負いません．このサイトの変更をチェックするのはご自身の責任であることに同意したとみなします．

図17 米国国土安全保障省のサイト（www.ready.gov）からの二つのスクリーンショット．上図は核爆発への対応を指示するもの．1.（左）は冷戦以降使われていない核降下物質シェルターとその標識を前提としている．2.（中央）は爆発地点から走って逃げ去れることを暗に示している．3.（右）は意思決定の責任を，必要な知識を持たない一般市民に転嫁する言葉遣いをしている（「～したほうがよいかもしれません」）．下図の免責事項の内容は，上の図（およびサイト内のすべて）の信頼性を失わせるものである．

第6章　リスクコミュニケーション

情報を取り除こうとしたことがある．しかしその後，混乱の理由は数字にあるのではなく，できごとの解釈にあることがわかった．つまり，"60％の降雨確率"という表現では「一定時間のうち60％の時間雨が降る」「60％の地域に雨が降る」「検知可能な降雨の可能性が60％」のどれかがわからないということである（正解は最後のもの）．

　図17の上部分は，安全保障情報に関するコミュニケーションにおいて，お粗末なやり方のために人びとの注意を引きつけることに失敗している例である．下図の「免責事項」の内容は同じサイトから引用したものだが，いかに免責制度が，社会的契約や発言責任を放棄することになり，それによって公衆の信頼を損なうかを示している．

リスクコミュニケーションは受け手に，十分な情報を伝えているか？

　意思決定の観点からは，それ以上何かを知っても選択はもはや変わらないという状態にあれば，その人は十分に情報を得ていることになる．この基準で，リスクコミュニケーションが効果的なリスクの意思決定を促すという実務的な目的に貢献できているかどうかを査定できる．この検査法はあらゆる意思決定に含まれる三つの要素——事実，価値，選択肢——に応じて適用の仕方が少し違ってくる．

　それ以上，何らかの事実を知らされても選択が変化しない

状態にあるなら，人は十分に決定に関する「事実」を伝えられていると考えられる．生命倫理学者のジョン・メルツは，自身の情報価値検査法を医療のインフォームド・コンセントの手続きに適用した．彼は，脳につながる動脈内の硬化巣を掻き出す頸動脈内膜剥離手術を例にあげている．成功すれば脳卒中や死のリスクは低下する．しかし，悪くすると，歯が欠けるという軽微なものから死に至るまで幅広い結果が起こりうる．しかし，メルツはそういったさまざまなリスクのうち，患者が問題とするほどの生起可能性と深刻さがあるものは死亡，脳卒中，そして，顔面麻痺の三つだけだと結論づけた．医師は何事も隠すべきではないが，とくにこれら三つのリスクについてはしっかりコミュニケーションすることが重要だと彼は主張している．

　選択を変更させうる要素はすべて考慮したという状態にあるなら，人はその決定にかかわる「価値」についても十分に伝えられていることになる．したがって，「あの選択が自分の生活にどんな意味をもつかなんて考えてもみなかった」とか「標準設定の数字以外の情報を見せられていたなら，きっと別の投資をしていたはずだ（今回選ばなかった臓器提供者になっていたはずだ）」と激しく後悔することはない．しかし，すべての側面を知ったからといって，選択すべき答えを知ったということにはならない．リスクについての決定は，超未熟児に直面する両親（第1章）や重病の親に直面する子どものように，残酷なトレードオフを課すことがある．「人は迷う存在なのだ」「問題は決定課題にあるのであって，決

定者にではない」と理解することが重要な見識である．価値の問題においては，どうすべきかを指し示す事実を探すのではなく，精神的な手引きを探すことが必要である．『延命治療に対する意志表示書と医療ガイドライン』のような，価値をめぐる難題を抱えた人びとをサポートする手続きが必要だといえる．

（薬剤情報欄で見たように）どのような選択肢がすでに利用可能で，（より健康的なライフスタイルのように）今後どのような選択肢をつくり出せるかを知っている状態にあるなら，人は決定の「選択肢」について十分に伝えられていることになる．可能な選択肢を知るということは，リスクがどのように生まれ，コントロールされるのかについての正確なメンタルモデルを持つということである．さまざまなリスク領域において基礎能力検査が存在し（生物学，毒性学，健康，金融），自分の環境を形づくるのに必要な基本活動能力を有しているかどうかが評価されている．

　十分に情報を得ているかどうかを判断しようという行為の前提には，十分に情報を得たうえでの意思決定を可能にすることこそが，リスクコミュニケーションの目標だという考えがある．しかし，別の目標もありうる．コミュニケーションの中には，あえて間違わせるかのようにデザインされているものもある．たとえば，提示される情報が，業界用語やぎゅうぎゅう詰めの文章，略語で埋めつくされているときが明らかにそれである．"自然な""人気の""安全な"といったあ

いまいな言葉遣いに事実が覆い隠されることもある．さらに，自己利益のために人を操作することが目標のコミュニケーションもある．そういったコミュニケーションには，健康行動がらみの社会的マーケティング（ラドン線量検査，規則正しいデンタルフロスの使用，安全な性行為），正しい選択に誘導する標準設定（しばしば"自由主義者のパターナリズム"とよばれる），経済的なインセンティブ（健康食品への補助金，非喫煙者に対する安価な保険料）などが含まれる．

目標が何であれ，リスクコミュニケーションがどれくらいうまく行われているかを判断するには証拠が必要である．証拠がなければ，質の低い"最善の措置"を実施し，欠点だらけの直感によってコミュニケーションは適切だと過信することになる．たとえば，性感染症を抑制するプログラムが数多くあり，実施している組織や人びとはそれらを有効だと思っているかもしれない．しかし，2010年の米国の審査では過去20年間で成功したプログラムは四つしかないと報告されている．有効性のないコミュニケーションは投入した諸資源の無駄であるばかりか，必要な情報提供を行う立場にあった人の信頼をも損ねてしまう．

参加型リスクコミュニケーションとリスク管理

リスク分析学会の最初の国際会議は1981年に開かれ，そこでのテーマは「リスクの分析：現実のリスクと認知されたリスク」であった．このテーマはコミュニケーションが重要

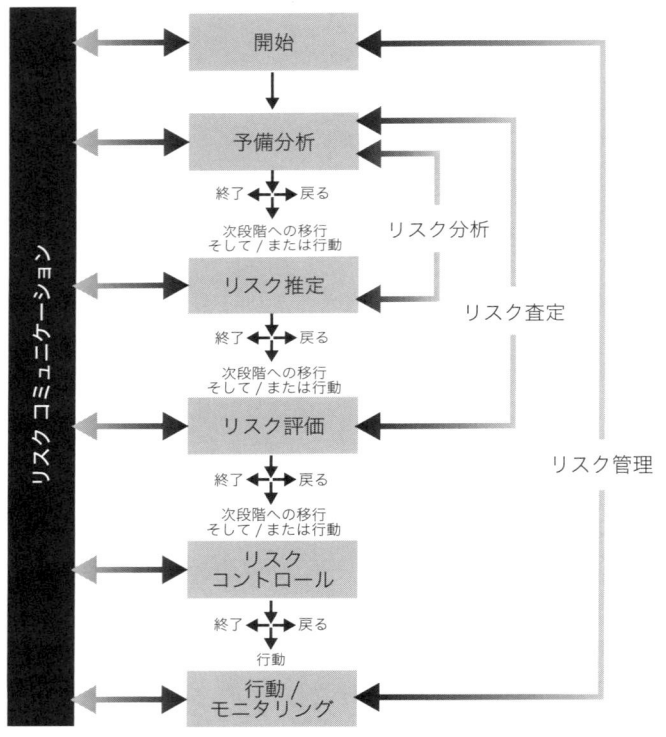

```
                        ┌──────────┐
              ┌────────→│   開始   │←────────┐
              │         └────┬─────┘         │
              │              ↓               │
              │         ┌──────────┐         │
              │   ┌────→│ 予備分析 │←───┐    │
              │   │     └────┬─────┘    │    │
              │   │    終了 ←┼→ 戻る    │    │
              │   │          ↓          │    │
              │   │   次段階への移行   リスク分析
  リ          │   │   そして/または行動  │   │
  ス          │   │     ┌──────────┐    │    │
  ク          │   └────→│ リスク推定│←──┤    │
              │         └────┬─────┘    │    │
  コ          │        終了 ←┼→ 戻る   リスク査定
  ミ          │              ↓          │    │
  ュ          │       次段階への移行    │    │
  ニ          │       そして/または行動  │    │
  ケ          │         ┌──────────┐    │    │
  ー          │────────→│ リスク評価│←──┘    │
  シ          │         └────┬─────┘         │
  ョ          │        終了 ←┼→ 戻る         │
  ン          │              ↓               │
              │       次段階への移行      リスク管理
              │       そして/または行動        │
              │         ┌──────────┐         │
              │────────→│  リスク  │         │
              │         │コントロール│        │
              │         └────┬─────┘         │
              │        終了 ←┼→ 戻る         │
              │              ↓ 行動           │
              │         ┌──────────┐         │
              └────────→│  行動/   │←────────┘
                        │モニタリング│
                        └──────────┘
```

図 18 推奨されるリスク管理手続き.

という認識を示しているものの,同時に,専門家の判断は事実であり,一般人の信念は怪しいもの,という考えを反映している.しかしその後,リスクについての意思決定にもっと公衆が関与すべきという社会的な声が高まり,技術者コミュニティはいかに公衆を巻き込むかという問題に取り組むようになった.図18は科学的な正確さを損なうことなくコミュ

ニケーションを改善しようとした一つのアプローチを示している．ここには，技術的知識に大きな差違を抱えながらも，公衆をリスク管理に欠かせない存在とすることで，民主主義社会における社会的契約を尊重する姿勢が現れている．この図は政府や企業向けに描かれたものだが，原理的には，医師や金融プランナー，あるいは親という立場へも適用可能である．

　この図の中心ラインは伝統的なリスク管理の描写であり，**開始**から**行動/モニタリング**へと連なっている．従来の図式と違うのは各ステージの間が四方向の矢印で結ばれていることである．これは，各ステージで自己批評を行い，それしだいでステージをくり返したり，管理プロセスそのものを廃止すること（終了）もありうることを意味している．最も特徴的なのは公衆関与であり，リスク管理の各ステージは双方向の矢印で**リスクコミュニケーション**とつながっている．つまり，公衆は専門家が解決策を設定し，結論だけを告知する（"決定-告知-防衛プロセス"ともよばれる）のを待つのではなく，公衆自身が最初から最後までかかわるのである．プロジェクトのいちばん最初から，公衆は何が起こっているのかを知らされ，管理プロセスに意見を提供し続けることになる．

　こういったプロセスが意味するところはリスクの種類によって違ってくる．薬剤や栄養ラベルにおいてプロセスを進めるには行動科学的研究が必要であり，人びとがどのような

情報を必要としているのか調査し，それに基づいて作成したメッセージ原稿をテストして，うまく機能するかどうかを確認しなければならない．ワクチンの場合では，**モニター・ステージ**においてとくに注意が必要であり，認可後の監視や調査の質に対する人びとの懸念に向き合わなければならない．性的暴行の防止では，女性がプロセスに徹頭徹尾関与して，より安全な環境をつくり上げ，より正しい証拠を得る必要がある．

　行動科学的研究は公衆が何を望み，どう理解しているのかを明らかにするが，この研究スタイルでは公衆とリスク管理者の間に距離をおきがちである．リスク管理への直接的な公衆参加にはいろいろな形態がある．一方の極端は闘争であり，これは希望の光よりも無駄な軋轢を生むことになる．もう一方の極端は敬意ある諮問であり，専門家は公衆の奉仕者となって事実を明らかにし，分析を行って，公衆の関与を促すのである．第 2 章のリスクの順位づけ演習はこの考えに沿ったものである．このような "分析的−熟議的" アプローチの初期の例としては，原子力発電についてのスウェーデンでの国民討論があげられる．これには 1970 年代後半に 8 万人が参加した．この活動に対してある論者は，プロセスが進むにつれ，人びとの確信が低下してしまったと批判している．しかし，別の論者は確信が持てなくなるのはより理解が深まり，問題の複雑さを理解した証拠であると主張している．後者の考えを支持するかたちで討論の後に国民投票が実施され，その結果は「現存施設はそのまま利用し，新規建設

は行わない」という妥協案を支持するものであった．その決定はその後何年も維持されたのである．

　今日，環境影響研究の多くはさまざまな"ステークホルダーの関与"を取り入れている．そのような開かれた審議スタイルをとる目的は必ずしも合意ではない．敬意をもって討論を公開することは，まっとうな不一致に関係者の目を向けさせ，より少ない，そして良質の闘争を導きうるのである．

結論：分析から知識を得たうえでの選択へ

　リスクコミュニケーションは個人がしっかりとした意思決定を行う能力と，その個人の社会における位置づけに影響を与える．コミュニケーションはその中に現れる社会的契約の履行と技術的な実績や内容で評価される．リスクコミュニケーションの社会的契約の側面は，「公衆は"知る権利"と"発信する権利"を有し，リスク管理のすべてのステージに関与し，必要な情報が提供され情報を得たうえで選択にのぞめる」という条件が満たされているかどうかで判断される．技術的実績は，「コミュニケーションにおいてリスクとベネフィットの情報が明確に伝えられているか，価値の問題が説明されているか，専門家の知識の限界が伝えられているか，そういった情報が関係する公衆に行き渡っているか，リスクコミュニケーションの良否が評価されているか」といった基準で判断される．

不十分なリスクコミュニケーションのコストは高くつく．不十分なリスクコミュニケーションは，公衆の知る権利と参加する権利を否認し，不適切な意思決定を強いることになる．その報いとして当局に対して，労力の浪費，評判の失墜，公衆を守れなかったという不名誉をもたらすことになる．また，双方にとって，善意や信頼という社会に必要な公共財を損わせることにもなる．一般の人びとの意思決定能力が過小評価された場合には，選択の自由が否定されることになろう．逆に，過大評価されてしまうと，必要とする保護を得られなくなるだろう．総じて言うと，これまでの成果から，よくデザインされたコミュニケーションの有用性は，手放しで賞賛できるほどではないがある程度うまくいっていると評価できるだろう．ただし，たまたまうまくいっているのではなく，これには必然性がある．リスクコミュニケーションは社会がリスクや危険に対処しようとする，広い範囲にわたる構造の一部なのである．このトピックを次の最終章でとりあげよう．

第7章
リスク・文化・社会

　人類学者のメアリー・ダグラスは，評判の著書『汚穢と禁忌』の中で，「社会は危険を定義する一方，それを管理する中で自らを定義している」と述べている．この主張は彼女を指導したエドワード・エヴァンズ＝プリチャードの考えに連なる．1920年代後半，エヴァンズ＝プリチャードは北部中央アフリカでアザンデ族と暮らし，彼らが建物の倒壊，姦通，盗難，病気，不作など，あらゆるリスクの原因は妖術にあるとし，そこに救いを求めようとする様子を観察した．神託を告げる託宣者は誤ることも多いのに，住民たちは，内臓に宿るとされる妖術の働きを，神託を告げる（そして，誤ることのある）託宣者に占ってもらうのである．託宣者は，たとえば1人の住民が突発的に死んだとき，その原因を究明するために少量の毒を飲まされたニワトリの様子を観察する．こういった儀式を通じて妖術の働きを直感的に理解するのである．

アザンデ族の世界観はたいへんエキゾチックなものであるが，エヴァンズ＝プリチャードは彼らを原始的とはみなさなかった．彼は，妖術では将来のリスクを予知できないものの，それでも将来のリスクに影響しうると考えた．不幸を反社会的な行為（不貞，暴力，盗み）に対する制裁だと解釈することで，妖術は社会規範を強化している．今日的な原因-結果の物質的な世界観に沿ったものではないことから，当時，エヴァンズ＝プリチャードの研究は物議を醸すものであった．しかし，彼はアザンデ族の社会における原因-結果の推論や社会的な説明責任において妖術が果たす役割を明らかにし，彼らの社会を種々の危険管理のために組織化された，ある種の"リスク社会"（この言葉は，後年，社会学者のウルリッヒ・ベックによってつくり出された）とみなしたのである．

　メアリー・ダグラスは現代社会に視野を広げ，応用科学が社会的なルールを解釈しながら危険や汚染に対処しており，それは，妖術が役割を果たしていたのにも似たリスク対応であるとして，その様子を描写している．ダグラスによると，さまざまな物理的あるいは象徴的リスク間の優先順位を設定することを通して，その社会で最も深い価値が何なのかが明らかになるという．自身が属する社会を観察したところ，彼女はリスク問題に熱中しているグループを，リスク源（化学物質，電磁界），経路（水，空気，土壌，保菌者），ばく露先（人間，動物，人工物），結果（病気，死，金融崩壊）など，関心をよせる対象によって分類できることを見出した．こう

いった懸念する対象の違いによって，それぞれのグループは，自分たちがどのようにリスクを定義し，研究し，価値をおき，認知し，コミュニケーションするかを表しているのである．また，ダグラスは政治学者アーロン・ウィルダフスキーとの共同研究の中で，社会を構成するグループ（企業，環境保護団体，少数民族，宗教団体）によって危険のとらえ方があまりに違い，そのことで社会が断片化することも明らかにしている．

心理学者であり哲学者でもあるウィリアム・ジェームズは，汚染や危険を"場違いな"けがれとして，その特徴を描写した．ここから，何かが危険とみなされるときにはリスクの定義があり，それはすべて，ある種の秩序や因果関係が前提になっていることがわかる．科学はあらたな秩序（気象，遺伝）と混乱（微量汚染物質，宇宙放射線）を持ち込むことで，伝統的に危険とされる概念に戦いを挑んでいる．それぞれのリスクには上級クラスの専門家がおり，彼らはしばしば複数の分野から集って，現時点では潜在的だが重要な不確実性に対処する"火消し"の準備をしている．リスク分析は多様なリスクを共通する用語を使って表現し，氾濫する事実に秩序をもたらすのである．

託宣者よりはずいぶん洗練されているとはいえ，リスク分析者も同じように社会的正当性という問題に直面する．リスク分析だけで，非難と責任を振り分けるために社会が必要とする安定的なルールを提供できるわけではない．それにはエ

ヴァンズ＝プリチャードが見出した，ある種の社会的な理由説明が必要であり，現代社会では規制，政治，裁判，マスメディア，その他の制度がこれに当てはまる．これらの制度は分析的な意思決定方法を是認しているものの，それでもまだ分析的意思決定は，十分に社会的受容が得られているとはいえない．分析的意思決定が受容されるのは，それぞれの決定方法やそこから生まれる結果が好まれるからである．コスト-ベネフィット（費用便益）分析は，その秩序だった考え方が好まれて受容されることもあれば，価値ある結果を容易に金銭評価できる点が好まれて受容されることもある．分析者の独立性に価値がおかれて受容されることもあれば，逆に，お金を払う人に貢献するからこそ受容されることもある．分析者が最新の科学に通じていることで受容されることもあれば，社会的な統制下では分析者が公正であることが理解されず，分析結果などただの思い込みにすぎないと憤る人もいる．分析結果が忍耐をもって受容されることもあるが，結果が気に入らないとして都合のよい分析者に差し替えられることもある．

　このようにリスク分析者は，託宣者と同様に，社会から求められる役割を果たしている．どのように役割を果たすかは，彼らの社会的な価値を反映しており，それが鮮明に現れるのはそれぞれの活動を通した争いの中においてである．たとえば，たばこ論争にかかわるグループはリスク分析の対象を，直接吸い込んだタールとニコチンに限定するのか，それとも間接喫煙まで含むのか，リスク源をたばこだけに限定す

るのか，それとも喫煙を促す広告まで含めるのか，どの選択肢まで分析対象とするのか（重課税，徹底的なたばこ禁止，利用者への非難），たばこは麻薬の一種なのかどうか，といった問題点について闘わなければならない．公正な環境づくりを主張するグループは，人種や社会階層にまたがるリスク配分が不公正であることをリスク分析によってとらえようとしている．たとえば，有害施設や有害物の輸送経路が低所得者の居住地近辺に偏っていることを証明するというようなリスク分析の役割を支持するのである．このようなリスクの定義をめぐる激しい論争は，メアリー・ダグラスが，「システムが自身に挑む戦い」とよぶものである．

　こういったリスクの定義をめぐる葛藤は，あらたに認識された危険に対抗するための社会的ルールづくりが，ときには悲劇的なほどに遅いことで起こる．たとえば，HIV/AIDSの危険があらわになってきたとき，古いルールの存在が必要な新しいルールづくりを妨げてしまった．多くの血液バンクは必要な血液（と収益）が足りなくなることをおそれて，当初，提供者にスクリーニング検査を求めることを拒否した．（ゲイが集まりやすい）サウナ業界は，営業不振に陥ることをおそれて，"安全な性行為"を促すリスクコミュニケーションに抵抗した．レーガン政権は，同性愛に反対する政権支持者の怒りをおそれて，HIV/AIDSの公的議論を遅らせた．アフリカ諸国のいくつかは，自国の貧弱な衛生システムに無理な要求が突きつけられることをおそれて，この問題を全面的に避けようとした．30年経過した現在でさえ，HIV/

AIDSについての意思決定はもつれたままであり,製薬会社は患者の権利を自社製品に記載しなければならないのかどうか,アフリカの人びとに禁欲を推奨するプログラムは新植民地主義となってしまうのかどうか,といった議論がいまだに続いている.

あらたな危険が出現したとき,社会はその原因とコントロールの方法を把握し,社会のさまざまな要請に重みづけをして,続く社会的な選択を意味あるものにしなければならない.リスク研究は,確率論と決定理論を土台として,そういった恒常的な問題に対して不完全ではあるがシステマティックな取り組み方法を提供している.その方法には社会の知性と歴史とが織り込まれているのである.

確率から統計,不確実性へ

確率論は,もとは17世紀に,賭博を分析しようと編み出された.確率論の利用者はまもなく賭博以外にも運や勝ち負けがかかわる領域,たとえば判決の予測などへと適用範囲を拡張できることに気づいた.19世紀にヨーロッパ諸国で官僚主義が台頭するとともに,統計データを収集して,それをシステマティックに分析するやり方が一挙に拡大した.初期には,孤児や犯罪者,病人,貧困者など社会的なリスクと目された人びとをとりあげ,歴史学者のイアン・ハッキングが「人をつくり上げる」と名付けたプロセスによって彼らを定義した.さらに,死亡率統計表の発明によって,個人の期待

残存寿命に基づいて年金の給付率の計算を可能にしたが，これは，人の生命の価値を経済学が定めた最初の例であった．

20世紀初頭までに，統計手法はたんに社会のパターンを描くだけでなく，パターンの安定性も査定できるようになった．さらに，疾病率や失業率の増加はランダムな変動の範囲内にあるのか，それとも，懸念すべきものなのか，そして，もしそうなら何が原因なのか，という問いにも答えられるようになっていた．現実の事象に対する統計手法は，潜在的事象についての確率的リスク分析へと進化し，たとえば，主要な環境ストレス（干ばつ，外来種）がいかに国の財政の安定性や公衆衛生，外交などに影響するかという問題まで扱うようになった．ある種の分析は理論と証拠を組み合わせ，新規技術の信頼性や地球工学の影響といった仮想的なリスクをも予測するようになった．

複雑なモデルを構成する個々の単純な要素が，価値を反映した問題や論争を引き起こすことがある．たとえば，単純な国勢調査でさえ，社会をコントロールする手段であるとか，プライバシーの侵害だとして攻撃され，さらには"人種"とか"雇用"をどう定義するのかという論争を引き起こした．確率の正規分布は，釣鐘型カーブとしてよく知られているが，人を標準からのずれで区別するものだと攻撃されてきた．リスク研究は，どの結果をどのように測定するかを決めるさいに，価値判断が避けられないことを示してきた（第2章）．もし，致死的リスクの分析において死亡時の年齢が考

慮されるなら，それは，若者の死に注目した政策に有利に働くだろう．逆に，すべての死を等分に扱うなら，そうはならない．短期間の観察や小さな生態系を対象にして水質分析を行うと，異常な結果を検出する可能性が高まり，保護政策に偏りやすくなる．もし，公式の米国人収容者数というものが刑務所の収容者を基準に決められ，それに応じて連邦補助金や議席などの資源の割り当てられるなら，保守的な地方地域に多くの資源が割り当てられることになるだろう．一方，リベラルな都市地域では，人口は多いが受刑者は少ないので，そうはならない．このように，一見平凡な手続きにも，潜在的に価値判断が組み込まれているのである．

　リスク分析の対象を，くり返しのあるトランプの手持ち札のようなものから，地球工学のような仮想的なものに拡張する場合，科学的判断の必要性が高まる．たとえば，生態学者はしばしば，現状を理解するための膨大なデータと練り上げられた理論を用いる．しかしながら，種の絶滅率を予測するような不確実な将来（10年単位？ 100年単位？）に目を向けると，次のような問題を判断しなければならなくなる；紀元前から生き続けている'メトセラ松'のように，現在生きてはいるが今後長くはもたないであろう種をどう扱うべきか？ 歴史的に安定してきた生態系が，温暖化し，乾燥化する世界で，またいっそうグローバル化する交易（外来の種と病気の持ち込み）によってどのように変化していくのか？ 海洋の酸性化によってサンゴ礁が消失したら，あらたにどんな生態系がとって代わるのか？

テロのような純粋に人間由来のリスクを分析する場合は，旧来型の判断が必要になる．たとえば，"テロリスト"にはテロを生み出す社会問題について受動的に支持する者も入るのか？」「"テロリスト"と"自由の闘士"とを分けるものはいったい何か？」「歴史の記録はどこまで信頼できるのか？」「テロリストのアイデンティティ，標的，能力は時間に応じてどう変わるのか？」といった判断である．ある種のテロのリスクは数量的にモデル化できる．これは数量モデルによってテロのリスクを予測するものであり，あたかも，拡散モデルが，"汚い爆弾"からの放射性物質の影響を風のパターンや爆弾の大きさ，爆発力，健康影響についての量-反応モデルなどから予測をするようなものである．しかし，そういったモデルを用いる分析でさえ，テロリストがどのような標的を好むか，どうやって工作員をリクルートするか，といった非数量的な判断が必要となる．

以上のように，今日のリスク研究は計数可能な対象（ギャンブル，保険，社会問題）からはじまり，新奇な対象（種の絶滅，テロ）へと進展してきた．科学があらたな対象へと拡張するに従って社会はその知見を共有しようと，科学自体の限界の査定までも，科学に依存するようになった．たとえば，産業リスク分析（原子力発電所，セメント窯，液化天然ガスターミナル）は，しばしばその施設特有の問題に注目し（保守管理，耐震性），一方で再発しやすい問題（設計の欠陥，検査のゆるみ）を見落とすことがある．分析者自身がそういったリスク分析の偏りや限界を顧みてようやく，人びと

は分析者の仕事がどこまで信頼できるのかわかるのである．

　分析者はしばしば，主観的な確率表現によって自らの意向を表明することがある．これはあくまで論理的整合性を志向しながらも，個人的な判断を利用するものである．不完全とはいえ，そういった判断は，分析者の持つ複雑で不確実で雑多な知識をまとめて導かれた，有用な要約として利用できるだろう．ただし，それが有用なものであるためには，明確で一貫した数量で表現される必要がある．いずれにせよ，このようにして，確率は技術的コミュニケーションの"共通語"として必須の要素となり，さらには一般の人びととのコミュニケーションの一部でも不可欠となった．一般の人びとが関わるコミュニケーションでも，天気予報からスポーツの賭け，経済的予測まで，多種多様な分野において，確率情報を耳にし利用する機会が増加している．

原　因

　標準的なリスクモデルは，自ずと，数量的に扱える要因を強調しがちである（たとえば，弾道ミサイルの投射重量や地下水汚染の広がりを表現するプルーム拡散など）．また，量-反応関係や感染症伝搬率といった計測可能な生物学性要因も強調しがちである．逆に，作業従事者の訓練や医療計画の遵守といった，リスクレベルを規定する人的要因はずいぶんと見過ごされやすい．

その結果，リスクに影響する社会的要因の研究は断片的にしか行われず，統合的な分析があまりなされていない．たとえば，社会科学者は広告会社が，「男性はマルボロ，女性はバージニア・スリム」といったイメージづくりを通して，いかに喫煙を促進しているかを詳細に検討している．社会科学者は，「人はどういう状況でその情報を得たのか忘れやすい」という一般的傾向と結びつけて，単純に何度もくり返し接触することで広告のアピールを信頼してしまうと主張している．自然科学の現象と同様，社会現象も革新的技術の社会的拡散のように量的なモデル化が可能なものもある．その中にはあらたな技術だけでなく，逸脱行動のモデル化も含まれる．そういったモデルにおいてもまた，専門家の判断が大きくものを言うのである．

　リスク要因の中にはかなり社会的なものもある．生物学的には女性 100 の出生に対して，男性の出生は約 105 である．西洋諸国の人口では，この差は縮まり，年齢が上がると逆転する．しかしながら，北アフリカの一部では厳しい生活環境のため，この比率が西洋とは逆になっている．経済学者のアマルティア・センは，アジアにおいてもそういった性別による生存の不均衡があったと考え，1980 年代に差別によって"失われた"女性 1 億人の早期死亡があったと推定している．中国では，1970 年代の終わり頃から経済状況が改善し，女性の平均余命が延びた．しかしながら，1978〜84 年の間は 1979 年にはじまった一人っ子政策のために，1000 人あたりの女子乳児死亡率が 38 人から 67 人へと高まった．その

後，中国政府は最初に生まれた子どもが娘の場合，この政策の適用をゆるめることにした．一方，インドの貧しいケララ州やサハラ以南のアフリカでは，生物学的に予測されるとおりの性別比率となっている．

　生物学的要因と社会的要因はからまり合い，密集したスラム街の風土性結核を増加させる．直接のリスク要因は特定地域内に封じることができても，その影響は耐病性を低下させるリスク要因によって増幅，拡散されることになる．そういったリスク要因としては，栄養不良，慢性病，貧弱な衛生状態などがある．さらにそれらのリスク要因の影響は貧困者から資源を取り上げるような政治的不平等によって増幅される．人道主義者の医師であるポール・ファーマーは「不平等はそれじたいが現代のペストである」と指弾している．

　リスク分析に社会的要因を取り込むことは，社会的な問題に取り組む可能性を高めることになる．同時に，「犠牲者の不幸の原因は本人にある」と非難したくなる誘惑にあらがうこともできる．たとえば，経済的，社会的な窮迫によりセックス・ワーカーとなり，HIV感染者の客と交渉を持たざるをえないような女性に対する非難がそれに当たる．いかに公式化されても，リスク分析はすべての死，病気，不幸に対して敬意を持って取り組むべきであり，お説教や教化の道具とすべきではない．そして，あらゆる原因に目を向けた，開かれた姿勢を保つ必要がある．

象徴的な危険

　強力な社会的リスク要因はいろいろあるが，最も強力なものとして，おそるべき危険をもたらした責任を誰かに押しつける"イメージ"がある．今日，私たちは14世紀にペスト（黒死病）を広めた主要原因はノミやネズミに媒介された細菌だと知っている．しかし，当時の絶望的な状況の中で，人びとはその原因をたやすく周辺的なグループ，たとえば，ユダヤ人，物乞い，ハンセン病患者に向けた．そういった烙印を押すことで，自分たちの価値を感覚的に護り，密集した街から貧困者を駆逐したり，浮遊者の財産を没収したりすることを正当化したのである．何世紀にもわたって，教会の権威と矛盾する考えの持ち主は魔女とされてきたのである．

　一度，烙印を押されると，それを拭い去るのは容易ではない．AIDS流行の初期段階において，同性愛者，薬物中毒者，血友病患者はそのリスクを認識しようがなかったにもかかわらず，彼らを嫌ったりおそれたりする人びとからリスクを持ち込んだとしてとがめられた．そして，隔離しても感染予防には効果がないのに，彼らは隔離されたのである．南アジアでは，差別を禁止する法律があるにもかかわらず，ダーリット（不可触民）は生まれながらにしてけがれていると考えられ，その影が上層階級民（たとえば，バラモン）にかかっただけでとがめられるのである．不可触民の職業が糞便収集などに限定されることで烙印はより強固なものとなる

が，これは，歴史的にユダヤ人に許される職業が金貸しや行商などに制限されてきたことと同様である．多くの西洋諸国では近年まで，がんの患者を忌避しなくなってさえ，がんについて人と話し合うことは避けてきたのである．

そういった烙印は否定する証拠があっても薄れにくい．第二次大戦後にペニシリンが広く使われるようになる前は，効果的な性病の治療法がなかった．感染予防のための行動方法（避妊具の利用，教育）はあったのだが，強力な"社会衛生"運動が，いわゆる道徳的見地からそういった方法に反対した（図 19）．この運動の参加者は，とくに売春婦や"乱交"をすると言われたアフリカ系米国人を救うプログラムに強く反対したのである．彼らの反対運動が敗れ去ったのは，避妊具が有効だとわかったからではなく，別の道徳上の理由によるものであった．すなわち，より烙印づけの弱いヨーロッパ人売春婦から，米兵が性病を感染させられないよう守りたい，という理由であった．AIDS 患者に対する烙印も，人気テニスプレイヤーであったアーサー・アッシュがそうであったように，輸血によって HIV 感染した"罪のない犠牲者"というイメージが浸透すると弱くなる．HIV の感染を減らすためのプログラムの一つに，薬物使用者に対する注射針交換プログラムがあるが，これへの反対の背後にある要因は，今日でも烙印づけである．このプログラムによって HIV 感染は低下するという証拠があるにもかかわらず，反対されるのである．

図19 1930年代の公共事業促進局のポスター．"社会衛生"運動が勢いづけた梅毒＝"羞恥"という考えに対して反撃している．

［訳注］「間違った羞恥や恐怖はあなたの将来を破壊します」と，梅毒（SYPHILIS）の血液検査を促すメッセージが書かれている．

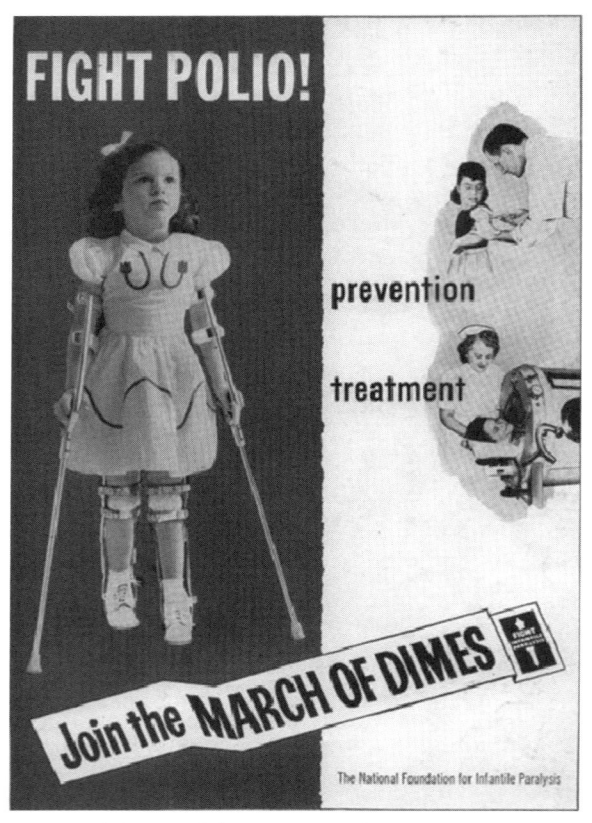

図20 1950年代の小児麻痺のイメージ．ギプスをつけた子どもたちや患者が必要とする高価な鉄の肺（鉄製呼吸補助装置）をとりあげている．

［訳注］"ポリオと戦おう！"というスローガンとともに，ギプスをつけて立ち上がる子どものイメージが掲載され，また予防（ワクチン接種）と治療（鉄製呼吸補助装置）という方針が示されている．ポスターに記されている"March of Dimes"とはルーズベルト大統領がポリオなどの研究のために設立した基金（現在は財団）をさす．

象徴的イメージはリスクを下げる方向にも使える．公衆衛生キャンペーンは喫煙者に烙印を押すことで，それを魅力的に見せようとする広告キャンペーンと競り合っている．米国において危険に対峙する聖なる象徴は，装具や車椅子のポリオ患者として描かれる"ポスターの子ども"である（図20）．ポリオを防ぐための国のワクチン試用に参加した子どもたちは，ポリオの流行を克服したヒーロー，"ポリオ・パイオニア"として称賛された．一方，フランクリン・ルーズベルト大統領は，ポリオ研究を強力に推進したにもかかわらず，自身が車椅子上にいるところを見られるのを避けた．これは，強いリーダーという自身のイメージを守るためであった．喫煙者への烙印づけによって，肺がん患者となったのは本人に責任があるとして，肺がん研究への支持を低下させてしまうかもしれない．しかし実際には，多くの肺がん患者には喫煙経験はないのである．多くの人は，かつて自分たちがおそれていた病気から人を守るためのワクチンをいまやおそれるようになっている．

価値と選択のフレーミング

リスクについての意思決定を，感情的ではなく思考によって進めたいとき，問題を選択的に切り取って，安易に決定できるようにしてしまうことがある．リスク分析を可能にした科学と社会もまた，決定プロセスの複雑さを前に挫折してきた．多くのリスクはたいへん複雑な科学技術と社会的なプロセスがかかわっており，もはやすべてを理解できる人などは

いない．リスクの意思決定の網にからめとられた人は，たがいに矛盾する神託を整理しようとした先人のように，うろたえてしまうだろう．とくに利害が大きな場合，あたかも強力な力が不確実性をつくり出し，素人の意思決定者を混乱させ，その力がリスクを削減する行為をさせないよう先回りして妨害しているかのように感じるかもしれない．リスクを理解するために，人は，価値ある結果に影響するさまざまな要因についてのメンタルモデルを必要とするのである．

　事実を知ることと，それが何を意味するかを理解することとは別物である．将来がどうなるのかは，もがきながら想像するしかない．自分はリスクの意思決定ができるし，また，自分こそが決定すべきだと過信することは，難しい価値のトレードオフを生み出す意思決定によって，人をひどい目にあわせたうえ，さらに侮辱までにすることにもなりかねない．たとえば，10代での禁欲を強く望む人は，安全な性行為を教えることで望まない妊娠を抑えられるプログラムに反対すべきなのだろうか？　終末期の苦痛緩和を強く望む人は，自殺幇助がプログラムに含まれる場合に反対すべきだろうか？　軍備増強に価値をおく場合，同性愛者を兵士に採用することへの反対表明は控えるべきだろうか？　節税したい人は，おそろしい大規模気候変動の影響を削減できる炭素税にも反対すべきだろうか？　いますぐ何かを強く欲する場合，将来の利益をどう重みづけるべきなのだろうか？　伝統的社会では，こういった問題に対しては構成員の利益だけを考えて解決すればよかった．しかし，現代社会では個々人が道徳

や葛藤の調停者とならざるをえないのである．

　リスク分析は，それをリスクについての意思決定の"事実面"へ適用するかぎりにおいては，知るべき事実をまとめて人生を容易にする．一方，リスク分析を"価値の側面"に適用することは，困難なトレードオフをくっきりと浮かび上がらせることになり，リスクについての決定がいかに困難かを示し人生をより険しくしてしまう．どのような結果が重要でそれらへの比重配分をどうするかについて，決定分析法そのものは中立であるがゆえに，人びとは自分自身で矛盾しがちな価値を見極め，調整しなければならないからである．

　経済学はすべての起こりうる結果を金銭価値に置き換えることによって，自分で価値を見極め，調整する（しなければならない）というやっかいな自由から逃れる方法を提供している．しかし，その救済は結局のところ不利益をもたらすことがある．金銭換算という方法は暗黙のうちに，すでに金銭に置き換えられている結果を優先させてしまうからである．そのため，市場によらずにいろいろな結果を金銭評価する方法はあるものの（栄誉や種の絶滅危機など），それらの評価は，雇用や歳入などといった直接的な指標よりは弱いものとなる．そのうえ，金銭換算の採用は「金銭がほかの何よりも重要」という考えを暗黙裏に是認することになる．金銭換算法は全リスクと全ベネフィットを比較する一方で，誰がリスクを負い，誰がベネフィットを享受するのかという問題をなおざりにしがちである．金銭換算法を受け入れるということ

はそのような慣習を受け入れることも意味する．このように，託宣者と同様，リスク分析者が危険について提供できる構図は不完全なものなのである．

　分析の質の良し悪しやそこに含まれる暗黙の社会的価値が不明瞭なため，リスク分析の決定ルールを捨て，予防原則を採用しようとする人びともいる．予防原則は，最悪のケースをもたらすシナリオやそれを防ぐための行為についてほとんどわかっていなくても，ともかく破滅的なリスクをもたらす行為を避けようというものである．予防原則はまずスウェーデンやドイツにおいて発展し，酸性雨や原子力，遺伝子組換え作物，大規模気候変動，海洋汚染などのリスクに対抗する中で主張されてきた．その変形例がチェイニー元副大統領の"1％原則"であり，これは破滅的なリスクはどんなものも受け入れられない，とするものである．この予防原則の論理は大量破壊兵器の存在可能性に適用され，イラクに対する米国の侵攻を正当化するのに利用されたのである．

　侵すべからざる価値がトレードオフを排除したように，予防原則という枠組みもまた，よくわかっていないリスクへの強い反意を表明することで，複雑な問題を単純にする方法となっている．一方，リスク分析という枠組みは，決定問題を取り扱いやすい部分へと分割する道具的取り組みを好む人に，ある特定のリスクの見方を提供している．枠組みにはそれぞれ長所と短所があり，それを納得する人にとって都合のよいものとなっているのである．

リスクと善き生

　リスクについての決定は孤立したところで行われるのではなく，社会的に共有された文脈の中や，規範と実践の対立の中で行われる．リスクについての個人の決定は，社会との関係の中で自分を定義するものとなる．それは，社会的に共有された価値との結束を表明し，そこには人生，自然，平等，進歩，自由などの尊厳が含まれているだろう．こうした価値を正当に得ることが，個人生活や他者との生活において重要である．

　社会の重要な価値には，リスクを避けることだけでなく，達成すべき前向きな目標がある．それには，若い世代を育てたり，文化的な伝統を維持したり，自由を共有したり，意義ある労働や自己表現を見つけ出したり，といったことが含まれる．アリストテレスがいうところの"善き生"を達成するための最適な冒険は，個人的，共同体的，そして，社会的価値の文脈の中で，リスクについての意思決定をとらえることである．"risk"という言葉は古代ローマの"risicare"という言葉からきており，"思い切ってやる"あるいは"不確実性に直面しての行為"という意味を持つ．リスク分析は危険を削減し，偶然の果たす役割を小さくすることで幸福に到達するための知的道具なのである．

　もし，"汚物とは場違いなもの"であるなら，リスクは私

たちの認識や生活の中に深く組み込まれていて，ほとんどそれと気づかないこともありうる．それに対して，リスクについての研究は，リスクについての意思決定がいかにフレーミングされているのか，リスクがどのように定義されているのか，自分たちの信念がいかに世界を浮き彫りにするか，自分たちの優先順位をどうやって明らかにできるのか，といった問題を意識化し，明示的に深く考えることでリスクの存在に気づかせてくれる．ウルリッヒ・ベックやアンソニー・ギデンズのような学者が示したように，そういった深い思索こそがリスクに対する現代社会特有の取り組みといえる．そして，それこそが，リスクを形づくる力とそれに対する人の対応を批判的に検証せず託宣者の占いに頼った社会，つまり，アザンデ族や古代メソポタミア乾燥地帯の農民と，現代社会との違いなのである．

　社会に貢献するため，リスク分析者は自分たちの仕事の問題点を顧みなければならない．問題点の一つは分析者の多くがもつ還元主義的精神であり，分析者はリスク問題を孤立した部分として扱い，それが組み込まれている広い文脈を見過ごす傾向がある．たとえば，生態系の研究は，それが人の健康や文化，幸福に果たす役割を見過ごしてしまっては不完全なものになるだろう．このことは，犯罪や交通，テレビゲームなどによって子どもが自然から引き離されたとき何を失うのかを見ればわかる．同様に，教育の研究はそれが収入にどう役立つかしか見ないで，個性や知性，社会との結びつきの発展における教育の役割を見過ごしてしまっては，やはり不

完全なものになる．リスク分析は多様な分野の科学者が集う場を提供し，それが全体の構図を提供することにつながれば成功だといえる．そういった集いは，それぞれの分野で見えていなかった背景や文脈を意識させ，それが各分野を発展させることにもなるだろう．

　リスク分析は，危険を理解し，その危険に対処する意思決定とそれを伝える科学的な道具を用い，リスクについて実践的に理解する規範体系を提供している．これらの道具は今日では，科学技術とグローバルな共有財に依存する私たちの生活の本質的な部分となっている．リスク分析は，個人や社会がいかにうまくリスクに対処できるか評価するための基盤を与えてくれる．人びとや社会はリスクを理解しているか？　対立している価値を調整できるか？　必要な情報は行き渡っているか？　人びとの見解や希望は届けられているか？　感情は適切に反映されているか？　他者や公共への依存に気づいているか？

　こういった質問に回答するうちに，まずい意思決定やお粗末な分析はその正体をさらすことになる．往々にしてリスク分析者は，託宣者のように，自分の知識を過大視し，価値ある結果を無視し，リスクやベネフィットの定義の中に組み込まれている価値を明示することに失敗する（あるいは気づくことに失敗する）．したがって，分析の価値は，どれだけそういった問題点を自覚しているかで決まってくる．本書では，リスク分析という現代特有の取り組みについて，批判的

な見方を含めて，おもだった考え方を足早にたどってきた．リスクの定義は，世界が実際にどうなっていて，本当はどうあるべきかという規範を反映している．それを知ることで，リスク分析は人びとが危険に対処し，善き生を生きる手助けとなるだろう．

参考文献

第1章
多様なリスクの意思決定に関する書物．決定分析，確率，統計といった基礎概念を通じてさまざまな科学分野の知見がまとめられている．

P. Bernstein, "Against the Gods: The Remarkable Story of Risk", John Wiley, 1998（邦訳：青山 護 訳，『リスク―神々への反逆』，日本経済新聞社，2001年）．17世紀に確率概念が発明され，保険，金融，投資を生み出した．それらのリスクの歴史に関する読みやすい解説．

R. T. Clemen, T. Reilly, "Making Hard Decisions with Decision Suite Tools", Wadsworth, 2010. 決定木，影響過程図式，コンピュータ演算に重点をおく，包括的で実践的な入門書．

T. Glickman, M. Gough (eds.), "Readings in Risk", Resources for the Future, 1990. 健康リスクに焦点をあてた有用な科学論文集．

J. Hacker, "The Great Risk Shift", Oxford University Press, 2006. 政策や政治的選択によって家計や暮らしのリスクが変化する．この問題についての検証．

J. S. Hammond, R. L. Keeney, H. Raiffa, "Smart Choices:A Practical Guide to Making Better Decisions", Harvard Business School, 1999. 著名な研究者たちによる指南書．

R. Keeney, "Value-Focused Thinking", Harvard University Press, 1992. 多様で互いに競合する価値を，経済学の伝統的な概念を越えてとらえ，それらから引き起こされる難題を解説している．

R. Posner, "Catastrophe: Risk and Response", Oxford University Press, 2005. 著名な法律家による，個人や社会に相対するリスクの意思決定に関する解釈．

V. Smil, "Global Catastrophes and Trends: The Next Fifty Years", MIT Press, 2008. 大きな不確実性をはらむ長期的な問題，たとえば大規模気候変動

やパンデミック,テロなどを含んだ,グローバルなリスクに関する精力的な検証.

D. von Winterfeldt, W. Edwards, "Decision Analysis and Behavioral Research", Cambridge University Press, 1986. 決定科学についての優れた入門書. 分析的,行動科学的研究を統合している.

S. Watson, D. Buede, "Decision Synthesis: The Principles and Practice of Decision Analysis", Cambridge University Press, 1987. 知識工学とそれによる"作品"としての意思決定およびリスク分析の解説.

第2章

リスクが複数の視点からどのように定義され,それらの定義がどのように政策に組み入れられるかに関する書物.

R. Bullard, "Dumping in Dixie: Race, Class, and Environmental Quality, 3rd Ed.", Westview Press, 2000. リスクやベネフィットの定義しだいで,貧者や公民権のない人びとへの影響が配慮されたり無視されたりしてしまう.そういった状況を扱った独創的な考察.

G. Daly (ed.), "Nature's Services: Societal Dependence on Natural Ecosystems", Island Press, 2007. 生態に関する経済的価値と生態を置き換えるコストの評価.

B. Fischhoff et al., "Acceptable Risk", Cambridge University Press, 1981; Peking University Press, 2009 [in Chinese]. 健康,安全,環境リスクを検討するための分析的,行動科学的方法.

S. Funtowicz, J. Ravetz, "Uncertainty and Quality in Science for Policy", Kluwer, 1990. 大きな科学的不確実性と高度に複雑な社会的利害のあるリスクを既存の科学的方法で扱うことは難しい.この問題を取り上げている.

S. Jasanoff, "The Fifth Branch: Science Advisers as Policymakers", Harvard University Press, 1990. リスクについての社会的論争や規制のための応用科学の役割を論じている.科学的な取り組みが価値の問題に関与せざるを得ないことを示す.

S. Krimsky, D. Golding (eds.), "Social Theories of Risk", Praeger, 1992. リスクをめぐる論争や意思決定を政治的,社会的に分析し,そういう分析の役割を考察する.

National Research Council, "Understanding Risk: Informing Decisions in a Democratic Society", National Academy Press, 1996. 公共政策や社会的な論争,選択についての制度的,政治的必要条件をリスク分析に統合する.

J. Sachs, "Common Wealth: Economics for a Crowded Planet", The Penguin Press, 2008(邦訳:野中邦子 訳,『地球全体を幸福にする経済学—過密

化する世界とグローバル・ゴール』,早川書房,2009 年).人口増大や資源枯渇,開発,気候変動などに関するグローバルな経済学.
- A. Sen, "On Ethics and Economics", Blackwell, 1987. 経済分析に埋め込まれている前提についての考察.
- R. Wilson, E. A. C. Crouch, "Benefit-Cost Analysis, 2nd Ed.", Harvard Center for Risk Analysis, 2004. リスク概念についての入門書.リスク分析用語として確立された定義に重きをおいている.

第 3 章
リスク分析の方法と実施例.

- K. Foster, P. Huber, "Judging Science: Scientific Knowledge and the Federal Courts", MIT Press, 1997. リスクをめぐる論争の科学的根拠についての分析.法律や規制,裁判の判例を通してその進化を検証する.
- D. M. Kammen, D. M. Hassenzahl, "Should We Risk It? Exploring Environmental, Health, and Technological Problem Solving", Princeton University Press, 2001. 自然科学や工学,統計学にはいくつもの背景があることを想定する包括的なテキスト.
- M. Monmonier, "Cartographies of Danger: Mapping Hazards in America", University of Chicago Press, 1997. 科学技術や自然災害,人口増加,健康などについてのリスクを地理学的な見地から取り扱っている.
- M. G. Morgan, M. Henrion, "Uncertainty:A Guide to Dealing with Uncertainty in Quantitative Risk and Policy Analysis", Cambridge University Press, 1990. リスクと不確実性の入門書.工学的な例に焦点をあて,専門家判断の役割を強調している.
- A. O'Hagan, C. E. Buck, A. Daneshkhah, J. E. Eiser *et al.*, Uncertain Judgements: Eliciting Experts' Probabilities, Wiley, 2006. 専門家判断を検証するための理論と実務.
- C. Perrow, "Normal Accidents: Living with High-Risk Technologies, revised Ed.", Princeton University Press, 1999. "正常な事故" という著者の概念を解説.科学技術の複雑性とその管理に起因する正常な事故を豊富な例で説明.
- J. Reason, "Human Error", Cambridge University Press, 1990. 行動上のエラーの源泉をまとめたもの.個々人のコントロールを越えた組織の圧力にも言及.
- N. Roubini, S. Mihm, "Crisis Economics:A Crash Course in the Future of Finance", The Penguin Press, 2010(邦訳:山岡洋一・北川知子 訳,『大いなる不安定―金融危機は偶然ではない,必然である』,早川書房,2010 年).2008 年金融危機についての優れた解説書の一つ.
- G. Suter (ed.), "Ecological Risk Assessment, 2nd Ed.", CRC Press, 2006. 生態

学的複雑さを考慮しつつ人間の健康のための方法に重点をおいた包括的なテキスト．

A. Wildavsky, "But is it True? A Citizen's Guide to Environmental Health and Safety Issues", Harvard University Press, 1995. 著者による公共政策への批判的な考察と科学技術や健康リスクについての見解．

第4章

リスクについての意思決定はどのようになされるべきか，また実際にはどのようになされているのか．これらの問題についての一般的な科学的説明を紹介する．

J. Baron, "Thinking and Deciding, 4th Ed.", Cambridge University Press, 2007. 意思決定研究を包括的にカバーしている．

R. Frank, "Passions within Reason", W. W. Norton, 1988（邦訳：山岸俊男 監訳，『オデッセウスの鎖―適応プログラムとしての感情』，サイエンス社，1995年）．感情がいかにして意思決定を助けるのか，あるいは邪魔になるのかについての野心的な考察．

G. Gigerenzer, P. Todd, the ABC Group, "Simple Heuristics That Make Us Smart", Oxford University Press, 1999. ヒューリスティックの実際的価値に関する研究のまとめ．

D. T. Gilbert, "Stumbling on Happiness", Knopf, 2006（邦訳：熊谷淳子 訳，『幸せはいつもちょっと先にある―期待と妄想の心理学』，早川書房，2007年；『明日の幸せを科学する』，ハヤカワ文庫，2013年）．人は，何が自分を幸せにするのかをどれくらい知っているのか？ この問題についての総合的なまとめ．

R. Hastie, R. M. Dawes, "Rational Choice in an Uncertain World: The Psychology of Judgment and Decision Making, 2nd Ed.", Sage, 2010. 分析的研究と行動科学の研究を統合した，権威ある，しかし，読みやすいテキスト．実際例も豊富．

S. Iyengar, "The Art of Choosing", Twelve, 2010（邦訳：櫻井祐子 訳，『選択の科学―コロンビア大学ビジネススクール特別講義』，文藝春秋，2010年；文春文庫，2014年）．あまり認識されない選択への影響過程に関する多くの研究成果に基づいた考察．

D. Kahneman, A. Tversky (eds.), "Choices, Values, and Frames", Cambridge University Press, 2000. 心理学と経済学をとり結ぶ，基盤ともいうべき論文を集めている．

S. Plous, "The Psychology of Judgment and Decision Making", McGraw-Hill, 1993（邦訳：浦谷計子 訳，『判断力―判断と意思決定のメカニズム』，日本経済新聞出版社，2012年）．認知心理学と社会心理学を含む判断・意思決定の入門書．

B. Schwartz, "The Paradox of Choice: Why More is Less", HarperCollins, 2004（邦訳：瑞穂のりこ 訳，『なぜ選ぶたびに後悔するのか―オプション過剰時代の賢い選択術』，武田ランダムハウスジャパン，2012 年）．選択肢が多すぎることに起因するさまざまな困難についての研究．

R. Thaler, "The Winner's Curse: Paradoxes and Anomalies of Economic Life", Princeton University Press, 1992（邦訳：篠原 勝 訳，『セイラー教授の行動経済学入門』，ダイヤモンド社，2007 年）．行動ファイナンスという研究分野と選択の心理学についてのわかりやすい入門書．

第 5 章

人がリスクをどう扱うかに関する，わかりやすく科学的な解説書を紹介する．

D. Ariely, "Predictably Irrational", HarperCollins, 2009（邦訳：熊谷淳子 訳，『予想どおりに不合理―行動経済学が明かす「あなたがそれを選ぶわけ」』，早川書房，2010 年；ハヤカワ文庫，2013 年）．ネガティブな側面を感情的に注視してしまうという，人の判断の限界に関するライブ感のある解説．

K. Foster, D. Bernstein, P. Huber (eds.), "Phantom Risk: Scientific Inference and the Law", MIT Press, 1993. 一時は大騒ぎだったが後からみると些細なリスクだった，というケースについての明敏な分析．

G. Gigerenzer, "Calculated Risks: How to Know When Numbers Deceive You", Simon and Schuster, 2002（邦訳：吉田利子 訳，『数字に弱いあなたの驚くほど危険な生活―病院や裁判で統計にだまされないために』，早川書房，2003 年；『リスク・リテラシーが身につく統計的思考法―初歩からベイズ推定まで』，ハヤカワ文庫，2010 年）．リスクを計算し，それを伝えるときに直面するさまざまな困難についての解説．

T. Gilovich, D. Griffin, D. Kahneman (eds.), "Heuristics and Biases: The Psychology of Intuitive Judgment", Cambridge University Press, 2002. 不確実性下の思考についての重要な考察を集めている．

D. Kahneman, P. Slovic, A. Tversky (eds.), "Judgment Under Uncertainty: Heuristics and Biases", Cambridge University Press, 1982. 選択，不確実性，心理，などを扱った古典的な論文集．

N. F. Pidgeon, R. Kasperson, P. Slovic (eds.), "The Social Amplification of Risk", Cambridge University Press, 2004. リスクメッセージやリスク認知が社会的にどう増幅していくかについての事例研究集．

P. Slovic (ed.), "The Perception of Risk", Earthscan, 2000. リスク認知研究についての卓越した論文集．

K. Stanovich, "Rationality and the Reflective Mind", Oxford University Press, 2011. 人の合理性をめぐる論争を含めた，意思決定の知的側面について

の考察.

N. Maclean, "Young Men and Fire", University of Chicago Press, 1992(邦訳:水上峰雄 訳,『マクリーンの渓谷―若きスモークジャンパーたちの悲劇』,集英社,1997年). 1949年のモンタナ森林火災を題材とし,森林消防パラシュート隊員たちの生死を賭けた意思決定を深く洞察している.

第6章
リスク情報がどのように公共的に共有されるか. 歴史的, 実証的な研究を紹介する.

J. S. Armstrong, "Persuasive Advertising: Evidence-Based Principles", Macmillan Palgrave, 2010. 説得的広告で何が機能し, 何が機能しないのかについての包括的な論評.

R. M. Faden, T. L. Beauchamp, "A History and Theory of Informed Consent", Oxford University Press, 1976(邦訳:酒井忠昭・秦 洋一 訳,『インフォームド・コンセント―患者の選択』,みすず書房,1994年). インフォームドコンセントが権利問題として起こり,どう定義されたかに関する独創的な分析.

H. Kunreuther *et al.*, "Disaster Insurance Protection: Public Policy Lessons", Wiley Interscience, 1978. 貧弱なリスクコミュニケーションによってリスクの意思決定が混乱する様子を描く優れた研究.

J. Kinsella, "Covering the Plague: AIDS and the American Media", Rutgers University Press 1989. エイズ発生時における報道の歴史を詳述.

S. Krimsky, A. Plough, "Environmental Hazards: Communicating Risks as a Social Process", Auburn, 1988. 公的な問題をめぐって進化してきた, リスク論争の詳細な分析.

W. Leiss, W. Powell, "Mad Cows and Mother's Milk, 2nd Ed.", McGill University Press, 2004. 公的なコミュニケーションが明確でないと,混乱が情報の空白を埋めてしまうことを示す事例研究.

M. G. Morgan *et al.*, "Risk Communication: A Mental Models Approach", Cambridge University Press, 2002. リスク科学を組織化し, それを有益なリスクコミュニケーションへと生かす体系的なアプローチ.

National Research Council, "Improving Risk Communication", National Academy Press, 1989(邦訳:林 裕造・関沢 純 監訳,『リスクコミュニケーション―前進への提言』,化学工業日報社,1997年). リスクについての研究,政策,実践に関する広範なレポート.

R. Thaler, C. Sunstein, "Nudge: Improving Decisions about Health, Wealth and Happiness", Yale University Press, 2009(邦訳:遠藤真美 訳,『実践行動経済学―健康,富,幸福への聡明な選択』,日経BP社,2009年). リスクについての選択をかたちづくる要因と,社会の幸福を高めるために

それらをどう方向づけるべきかについての考察. S. Woloshin, L. M. Schwartz, H. G. Welch, "Know Your Chances: Understanding Health Statistics", University of California Press, 2008（邦訳：北澤京子 訳,『病気の「数字」のウソを見抜く―医者に聞くべき10の質問』, 日経BP社, 2011年）. 健康情報を理解するための一般向け解説.

第7章
危険や不確実性は今日, リスクの意思決定の主要次元となっている. これらに対する広範な社会的, 歴史的アプローチをいくつか紹介する.

- U. Beck, "Risk Society: Towards a New Modernity", Sage, 1992. 科学技術がもたらす不確実性と危険性について熟考した, 現代の"リスク社会"についての有力な分析.
- L. Daston, "Classical Probability in the Enlightenment", Princeton University Press, 1988. 不確実な推論を, 数学的な確率や"期待値"へと変換するアイデアの起源を探る.
- D. DeLillo, "White Noise", Viking, 1985. 現代の消費社会における不確実性や危険に対する人びとの態度を風刺する小説.
- M. Douglas, "Edward Evans-Pritchard", Viking, 1980. 社会人類学者のエヴァンス・プリチャードと彼の危険や知識に関する考え方についての短い紹介.
- M. Douglas, "Purity and Danger: An Analysis of the Concepts of Pollution and Taboo", Penguin, 1966. "リスク"という概念が普及する以前の危険と汚れに関する古典的な分析. エヴァンス・プリチャードによる社会的な説明責任や文化的知識についての考察に基づく論考.
- P. Farmer, "Infections and Inequalities: The Modern Plagues", University of California Press, 1999. 生物学的, 公衆衛生的, 政治的抑圧の問題が寄せ集められた結果として疾病や貧困を分析している.
- A. Giddens, "The Consequences of Modernity", Stanford University Press, 1990. リスクがどのように社会を変革させるかについての重要な主張.
- I. Hacking, "The Emergence of Probability", Cambridge University Press, 1975（邦訳（原著第2版）：広田すみれ・森元良太 訳,『確率の出現』, 慶應義塾大学出版会, 2013年）and "The Taming of Chance", Cambridge University Press, 1990（邦訳：石原英樹, 重田園江 訳,『偶然を飼いならす―統計学と第二次科学革命』, 木鐸社, 1999年）. 確率や統計が, 今日の不確実性概念の中心となってきた歴史.
- M. Nussbaum, "The Fragility of Goodness: Luck and Ethics in Greek Tragedy and Philosophy", Cambridge University Press, 1986. 先史時代における実践的推論, 不確実性, 価値, などの概念についての考察.
- C. Ó Gráda, "Famine: A Short History", Princeton University Press, 2009. 歴史

的な事例から今日までの飢饉の原因と結果に関する比較研究.

訳者がすすめる書籍
● リスクについて
中谷内一也 著,『リスクのモノサシ』, NHKブックス, 2006年.
中谷内一也 編著,『リスクの社会心理学』, 有斐閣, 2012年.
中西準子 著,『環境リスク論』, 岩波書店, 1995年.
ジョン・F・ロス 著, 佐光紀子 訳,『リスクセンス』, 集英社新書, 2001年.

● リスク計算の実際について
中西準子・益永茂樹・松田裕之 編,『演習 環境リスクを計算する』, 岩波書店, 2003年.

● 意思決定理論について
坂上貴之 編著,『意思決定と経済の心理学』, 朝倉書店, 2009年.
友野典男 著,『行動経済学』, 光文社新書, 2006年.
竹村和久 著,『経済心理学』, 培風館, 2015年.

● 用語を知りたい場合
日本リスク研究学会 編,『リスク学用語小辞典』, 丸善出版, 2008年.
日本リスク研究学会 編,『リスク学辞典』, 阪急コミュニケーションズ, 2006年.

謝　辞

　両親と家族に感謝する．その忍耐と励まし，助言に対して．（フィッシュホフより）アンディ，マヤ，イリヤ，ノーム．（カドバニーより）スーザン，ダニエル，エレーナ．

　先生たちに感謝する．どう考えるべきか，何を考えるべきかの模範として．（フィッシュホフより）ダニエル・カーネマン，ルベン・カミナー，サラ・リキテンシュタイン，ポール・スロヴィック，エイモス・トベルスキー．
（カドバニーより）イムレ・ラカトシュ，ポール・ファイヤーベンド．

　同僚たちに感謝する．（フィッシュホフより）ワンディ・ブルイン・ド・ブルイン，ロビン・ドウズ，ジュリー・ダウンズ，ポール・フィッシュベック，グレンジャー・モーガン．
（カドバニーより）キャロル・エンジニア社の同僚と友人たち，ボブ・ライター，ジェーン・スミス．

図の出典

図 1
NICHD Neonatal Health Network (2008)

図 3
C. Starr, 'Social Benefit versus Technological Risk', *Science*, 165 (3899), 1969, 1232–8. Reprinted by permission of AAAS

図 4
B. Fischhoff, P. Slovic, S. Lichtenstein, S. Read, and B. Combs, 'How Safe is Safe Enough? A Psychometric Study of Attitudes towards Technological Risks and Benefits', *Policy Sciences*, 9, 1978, 127–52. Reprinted by permission of Springer

図 5
Managing Risks to the Public, HM Treasury, (London, 2005). Crown Copyright

図 6
United Nations Human Development Report 2007/2008. Technical Note 1, p. 355. Reprinted by permission of UNDP

図 8
M. G. Morgan and D. W. Keith, 'Improving the Way that We Think about Projecting Future Energy Use and Emissions of Carbon Dioxide', *Climatic Change*, 90(3), 2008, 189–215. Redrawn from V. Smil, *Energy at the Crossroads* (Cambridge, MA: MIT Press, 2003)

図 9
W. Bruine de Bruin, B. Fischhoff, L. Brilliant, and D. Caruso, 'Expert Judgments of Pandemic Influenza', *Global Public Health*, 1, 2006, 178–93. Reprinted by permission of Taylor Francis Group, www.informaworld.com

図 10
M. G. Morgan and D. W. Keith, 'Subjective Judgments by Climate

Experts', *Environmental Science and Technology*, 29, 1995, 468–76. ©1995 American Chemical Society

図11
R. Howard, J. Matheson, D. North, 'The Decision to Seed Hurricanes', *Science*, 176: 1972, 1191–1202

図12
S. Lichtenstein, P. Slovic, B. Fischhoff, M. Layman, and B. Combs, 'Judged Frequency of Lethal Events', *Journal of Experimental Psychology: Human Learning and Memory*, 4, 1978, 551–78. Adapted by permission of the American Psychological Society

図13
B. Fischhoff, W. Bruine de Bruin, A. M. Parker, S.G. Millstein, and B. L. Halpern-Felsher, 'Adolescents' Perceived Risk of Dying', *Journal of Adolescent Health*, 46(3), 2010, 265–9. Reprinted by permission of Elsevier

図14
S. Woloshin, L. M. Schwartz, S. Byram, B. Fischhoff, and H. G. Welch, 'Scales for Assessing Perceptions of Event Probability: A Validation Study', Medical *Decision Making*, 14, 1998, 490–503. Reprinted by permission of Sage Publications

図15
S. Lichtenstein and B. Fischhoff, 'Do Those Who Know More Also Know More about How Much They Know? The Calibration of Probability Judgments', *Organizational Behavior and Human Performance*, 20, 1977, 159–83. Reprinted by permission of Elsevier

図16
Lisa Schwartz and Steve Woloshin. S. Woloshin, C.M. Schwartz, and M.G. Welch, *Know Your Chances: Understanding Health Statistics* (2008). Reprinted by permission of the University of California Press

図17
US Department of Homeland Security

図18
Risk Management Guide (1997; reaffirmed 2002). Canadian Standards Association

図19
Courtesy of the Library of Congress

図20
March of Dimes Foundation

索　引

あ行

IPCC ⇨ 気候変動に関する政府間パネル
あいまいさ回避　107
アザンデ族　199, 200
アッシュ，アーサー　212
後知恵バイアス　127
アフラトキシン　62
アリストテレス　219
アンカリング　140, 149
安全保障　185, 189
アンブレラ・バイアス　90
意思決定（実験室における）　162
意思決定理論　3, 7, 8
1％原則　218
EPA ⇨ 米国環境保護局
イベント節点　17
イメージ　209
因子分析　46
インフォームド・コンセント　191
インフラ整備　57
インフルエンザ　87, 89
ウィルダフスキー，アーロン　201
受入れ可能なリスク　61
AIDS　203, 211
栄養成分表　173
栄養表示　174
エヴァンズ゠プリチャード，エドワード　199
HIV　78, 86, 126, 203, 210, 212
H1N1　169, 181
HDI ⇨ 人間開発指数
NOAEL　73
エネルギー消費量　87
MTD　73
エルスバーグ，ダニエル　106
エルスバーグ・パラドックス　106
LD_{50}　73, 74
エンパワーメント　27
侵されざる名誉　104
おそろしい　45, 48

か行

壊滅的　45
拡散モデル　207
確実性等価　103
確率判断　142
確率評価の言葉　185
確率論　204
火　災　22, 82
過小視　18
価　値　2, 35
　——のトレードオフ　216
　情報の——　19
　神聖な——　104
価値割引　59, 61
カーネマン，ダニエル　111, 146

がん感受性　73
環境経済学　56
還元主義的精神　220
幹細胞研究　27
感受性分析　76
感　情　160, 161
感情シグナル　159
感情ヒューリスティック　159
感情文脈　160
緩和ケア　9, 13
帰結主義者　105
ギーゲレンツァー，ゲルト　118
危険な人為的干渉（DAI）　59
気候変動　27, 60
気候変動に関する政府間パネル（IPCC）　59
気候変動モデル　78
技術基準　123
記述的研究　8, 14, 32
記述的分析　22
規制ルール　119, 121
期待効用　129
期待死亡者数　50, 75
期待損失余命　37
期待値　99
汚い爆弾　207
喫　煙　71
ギデンズ，アンソニー　220
規範的分析　8, 12, 21, 31
偽　薬　175
逆選択　23, 33
教育の地方自治　27
近似的な最適化　116, 117
金銭価値　217
金銭換算　217
金融危機　84, 137
金融パニック　137
グラスゴー昏睡尺度　118

クロロフルオロカーボン（CFC）　124
クロロホルム　121
　──の発がんリスク　76
経済的な価値　55
経　路　68, 77
結　果　8, 31
結果バイアス　127
決定-告知-防衛プロセス　195
決定木　16, 127
決定ルール　98
ケルビン卿　35
原因分析　79
健康影響　68, 69
現状維持バイアス　113
健全な人間社会　57
現代医療　5
限定合理性　116, 164
ケント，シャーマン　185
光化学スモッグ　77
航空安全　81
合計特殊出生率（TFR）　58
公衆衛生プログラム　70
公　正　120
交通事故　18
行動科学　132
効　用　102
効用理論　103, 109, 129
合理性　104, 109
黒死病 ⇨ ペスト
国民対話　166
誤検知　122
心の麻痺　160
コスト-ベネフィット分析（CBA）　50, 202
コレラ　66
コレラ分析　68

さ行

債務担保証券（CDO） 84
サイモン，ハーバート 116
参加型リスクコミュニケーション 193
参照点 112
CFC ⇨ クロロフルオロカーボン
ジェームズ，ウィリアム 201
自給農業 57
自己防衛講座 184
事故リスク 79
事　実 2
自信過剰 91, 93, 94, 155
自信不足 155
自然の放射線 75
実験室における意思決定 162
質調整生存年数 38, 61
CDO ⇨ 債務担保証券
自動車保険 15
シナリオ 83, 86
自発性 43
自発的ハザード 42
自発的リスク 47
支払い意志学 56
CBA ⇨ コスト-ベネフィット分析
指標の組合せ 54
CVD ⇨ 心血管疾患
死亡リスク 36, 37, 39, 138
シミュレーション・ヒューリスティック 147
社会衛生運動 212, 213
社会的スキル 24, 25
社会の健全性 53
重層防護 82
集中治療 9
出　生 209
種の健全性 55
少数の法則 151

象　徴 211
冗長性 81
消費者医薬品情報 177
情報の価値 19
情報分析 185, 186
初期妊娠 57
処方的介入 9, 32
処方的分析 21
知る権利 175, 197
進化論 27
心血管疾患（CVD） 69
人工台風 127, 128
深刻な確率 185, 188
神聖な価値 104
心臓疾患 36
深層防御 83
信　念 8
信頼区間 92
推移性 103, 109
スター，チャンシー 40
ストラテジー 116
スノウ，ジョン 66, 68
スロヴィック，ポール 159
性感染症 193
性教育 23, 25
政教分離 27
政治的原理 27
正常な事故 82, 84
精神的代数 118
生態学的健全性 54
生態系サービス 56
生態系の健全性 53
性的（な）自己抑制 23, 25
性的暴行 182
性　病 212
生物多様性 55
セン，アマルティア 209
選　好 40, 43
――の顕在化 40

索　引　　237

──の非一貫性　110
選好矛盾　107
選択肢　8, 10, 31
選択節点　17
選択の公理　103
先端兵器　5
ゼンメルヴァイス，イグナーツ　157
専門家の判断　86, 89, 90, 92
早産　9
相対リスク　175
属性（リスクの）　45
訴訟制限保険　15, 19, 20
損失回避　113
損失余命　38

た行

大数の法則　151
代表性ヒューリスティック　150
大量破壊兵器　218
託宣者　199
ダグラス，メアリー　199, 200, 203
多数決　27
達成基準　122
たばこ　70, 202
WTP　50
単位コストルール　100
単純化　116, 129
単純なルール　118, 129
チェイニー元副大統領　218
諜報　185
超未熟児　9
直感　164
ティアニー，キャスリーン　136
DAI ⇨ 危険な人為的干渉
TFR ⇨ 合計特殊出生率

適応型管理　123
デザイン　173
テトロック，フィリップ　91, 188
テロ　207
天気予報　90
統計　10, 13, 32
統計手法　205
投資（難解な）　5
同時多発テロ　133, 136
毒性学の第1法則　70
毒性評価　73
トベルスキー，エイモス　111, 146
トライブ，ローレンス　35
トレードオフ（リスク-ベネフィットの）　40

な行

ナイト，フランク　15
難解な投資　5
二重基準　42, 47
乳房X線撮影　170
人間開発指数（HDI）　57
人間行動　79, 95
人間の幸福　56
人間の条件　56
認知革命　158
年間死亡者数　36
NOAEL（ノエル）　73

は行

排出権取引　123
梅毒　213
ばく露　72
ばく露集団　68
ばく露量　77
パターナリズム　132, 193
発がんリスク（クロロホルムの）

　　　　76
ハッキング，イアン　204
発現する権利　197
発生ポイント　77
パニック　136
パニック神話　136
パラケルスス　70
ハリケーン・カトリーナ
　　167, 168
パンデミック　87, 89
比較可能性　103, 106
非自発的　47, 48
　　——ハザード　42
　　——リスク　47
非推移性　108
非説得的コミュニケーション
　　179
一人っ子政策　209
非ポイント性　77
ヒューリスティック　115, 117, 130, 146
　代表性——　150
費用-便益分析　⇨　コスト-ベネフィット分析（CBA）
標準設定　20, 191
表示ラベル　173
頻度推定　146
ファーマー，ポール　210
風土性結核　210
不確実性　7, 15, 17, 25, 31, 75
不死身感覚　134
ブッシュ政権　167, 168
ブラウン，マイケル　168
フラミンガム研究　70
フランクリン，ベンジャミン
　　118
フル・トート　16
フレーミング　13, 14, 114, 130, 215

フレーム　31
プロスペクト理論　111, 112, 114
分析的-熟議的アプローチ　196
フントウィッツ，シルビオ　95
文脈効果　110
米国環境保護局（EPA）　49, 52
米国死亡診断基準　39
ペスト　211
ベック，ウルリッヒ　200, 220
ベネフィット　40
　コスト-——分析（CBA）
　　50, 202
　リスク-——・トレードオフ
　　40
ヘルシー・ワーカー効果　73
ベルヌーイ，ダニエル　102
ペロー，チャールズ　82
ペンタゴン・ペーパー事件
　　106
包括的性教育プログラム　23
放射線（自然の）　75
保　険　22
ポリオ　214, 215
ホルムアルデヒド　75
ホワイト，ギルバート　44

ま行

埋没費用効果　113
マクスリー，デイビッド　178
マラリア　77, 87
満足化　116, 117
マンデルブロ，ブノワ　107
マンモグラフィー　19
未　知　45
未知性　48
ミラー，ジョージ　115
無作為性　152
メタ認知　153

メトセラ松　206
メルツ，ジョン　191
免責事項　189, 190
メンタルモデル　156, 158, 192, 216
モラル・ハザード　21, 23, 124
モントリオール議定書　123

や行

薬剤情報　175〜178
妖　術　199
予防原則　218

ら行

ライフイベント　142
ライフ・サイクル　121
烙　印　211, 212, 215
楽観バイアス　134
ラベッツ，ジェローム　95
リスク　1, 15
　——の次元　45
　——の指標　53
　——の順位　53
　——の定義　64
　——-ベネフィット・トレードオフ　40
　——を定義する　35
　受入れ可能な——　61
　累積的な——　18
リスク回避　102

リスク管理手続き　194
リスク源　68
リスクコミュニケーション　3, 165, 195
　——の失敗　171
　参加型——　193
リスク志向　102
リスク社会　200
リスク順位づけ　49
リスク属性　45, 47
リスク認知　3, 17, 29, 131, 133, 138
リスク比較　62
リスク分析　2, 17, 65, 221
リスク分析学会　193
リスク・ホメオスタシス　21
リミテッド・トート　15, 19, 29
量-反応関係　70, 72
利用可能性　146, 149, 159
累積的リスク　18, 30
ルーズベルト，フランクリン　214, 215
ルネスタ®　175, 176
連続性　111
ローウェンスタイン，ジョージ　160
ローレンス，ウィリアム　45

わ行

ワクチン　178, 180

原著者紹介
Baruch Fischhoff（バルーク・フィッシュホフ）
カーネギーメロン大学教授．認知心理学者であり，リスク分析研究，意思決定研究の第一人者．
John Kadvany（ジョン・カドバニー）
意思決定分析を中心とするコンサルティング会社を主宰．政府機関にも助言を行っている．リスクや公共政策，科学哲学に関する著書多数．

訳者紹介
中谷内　一也（なかやち・かずや）
同志社大学心理学部教授．博士（心理学）．専門はリスク認知，災害心理学．著書に『安全．でも，安心できない』（ちくま新書）などがある．

サイエンス・パレット 023
リスク ―― 不確実性の中での意思決定

平成 27 年 4 月 25 日　　発　　　行
令和 2 年 10 月 15 日　　第 3 刷発行

訳　者　　中　谷　内　一　也

発行者　　池　田　和　博

発行所　　丸善出版株式会社

〒101-0051　東京都千代田区神田神保町二丁目17番
編集：電話　（03）3512-3262／FAX（03）3512-3272
営業：電話　（03）3512-3256／FAX（03）3512-3270
https://www.maruzen-publishing.co.jp

© Kazuya Nakayachi, 2015

組版印刷・製本／大日本印刷株式会社

ISBN 978-4-621-08918-7　C0340　　　　　　Printed in Japan

本書の無断複写は著作権法上での例外を除き禁じられています．